AQUARIUS

AQUARIUS

AQUARIUS

AQUARIUS

Catcher

一如《麥田捕手》的主角，
我們站在危險的崖邊，
抓住每一個跑向懸崖的孩子。
Catcher，是對孩子的一生守護。

喜歡

掌握孩子
主動學習的祕密

獅子老師 著

獻給我的學生，謝謝你們的愛與笑聲。

推薦序一／

永遠的黃金起跑點

◎洪蘭教授

我很喜歡看獅子老師的文章，她不講大道理，但是從平鋪直述的故事中就把道理講出來了。

現在很多家長都很焦慮會錯過孩子學習的「黃金起跑點」，一直問要幾歲學英文、學鋼琴才不會太晚？雖然我們一再強調每個人成熟的早晚不同，教養孩子沒有放諸四海皆準的方式，最好的方式是順其自然，水到自然渠成。

學習最重要的是熱情，有熱情才會去練習，有練習才會有進步、才能脫穎而出，但是父母親都聽不進去，還是一窩蜂的送孩子去上各種才藝班，生怕錯過了「黃金時期」。獅子老師輕鬆的舉個例子，馬上就讓家長看到成功的人是下苦工的人，天分可以使他省力，卻不能使他成功。

她的例子是她的同學——小伶。剛開始時，小伶的辨音能力並不是很好，音樂系的學生一定要修聽寫課，老師先彈一個標準音，彈完一首曲子後，老師再彈一遍，叫學生把聽到的每個音寫下來。小伶開始時是被分到Ｃ班，獅子老師被分到Ａ班，上了一年課以後，學校再能力分班，這時，小伶分到Ｂ班，到三年級時，小伶到了Ａ班，成了作者的同班同學。

在三年裡，小伶的聽寫能力從Ｃ到了Ａ，而小伶早過了絕對音感的黃金訓練時期。她可以升到Ａ班就表示這能力是可以訓練的，所謂「吃得苦中苦，方為人上人」，天才要成功還是得下苦功，所以台灣的家長真的不要太焦慮，古語說「精誠所至，金石為開」，又說「天下無難事，只怕有心人」，孩子肯學最重要。書中有一段對話非常的好，作者問她的學生：「陶非你幾歲開始學琴？」他說：「接觸琴是十歲，但是真正的開始是喜歡拉琴以後。」大哉回答！喜歡才是學習的開始，什麼時候開始學不重要，什麼時候真正喜歡才是關鍵。

我們從孩子的大腦發展上看到，小孩子一出生時，大腦中有十兆那麼多的神經元，每一個神經元又可以跟別的神經元有一千個以上的連接，所以孩子在小的時候，有各種各樣的可能性，是我們大人的態度把他塑造成最後的他，所以英文才會有這樣的諺語：「你對你的孩子的態度決定他的destiny（命運）」。每個孩子都是寶，都可以成為國家的棟粱，他們出生時，天賦的能力都差不多，最後決定他成敗的是他人格的特質：遇到挫折時是否能堅持下去。所以找到孩子的興趣是最重要的事，有熱情（passion）才會鍥而不捨，再接再勵才會成功。

這本書最好的地方是獅子老師透過她與學生的互動，把學習的真諦教給了父母，希望每一個孩子都能像她的學生一樣快樂的成長，彈出美妙的琴音，帶給社會歡樂。

推薦序二／

在熱情與愛心之外

◎蔡穎卿老師

我不知道當我用「很有工作道德」來形容自己看完這本書稿的讀後感時，只有一面之緣的獅子老師會不會覺得我並未完全了解她多年來不斷為孩子們付出的一片真心。然而，「工作道德」的確是我自己腦中所能想到最好的表達，也是我想用來對獅子老師表達敬意的用詞。

在六月底七月初收到書稿時，我常利用忙完一整天的睡前時間細讀書中的故事。時間彷彿回到童年，我生命中曾經遇過的多位鋼琴老師，也一個個從記憶中走了出來，我似乎可以同時了解獅子老師在每一則故事中留記的情懷，也回顧了那些正在經歷成長與學習的孩子不同心境。人因為遇到好老師的引領而發現自己與世界之間隔著的其實是一面虛擬的牆，能看到牆外多少的景致，是靠著自己拿起筆來畫出窗、畫出門，就在穿越那面曾經限制我們的牆時，學習改變了每個人生命的視野。

為什麼我不用「熱情」、「愛心」這麼適合於教育而大家也都非常熟悉的字眼來形容這本書，最重要的理由，是因為我從另一種角度來看待獅子老師與孩子之間的情感連繫。我曾是被許多老師教育過的孩童、青少年與成人，也是養育兩個女兒二十四年的母親，對於教育的複雜期待，我的了解當然是非常深刻、也層次疊疊的。

在這個互相扶持，享受彼此貢獻的社會中，再有心我們也無法精通每一樣事物，於是任何一個人既受教育就得仰賴專家，這是「需要」與「希望」緊緊結合的事實。我相信如今能對教育做出最大貢獻的人，就是工作道德良好又精益求精的專家，他們在這個商業化的世界中不藉口號地還給了教育一種初衷——單純與安心，使傳習的意義不致渙散；閱讀過這本書後，我相信獅子老師就是以此為終生目標、不斷前進的老師。

熱情與愛心顯然是獅子老師都已經具備的教育情愫。在這條路上灰心失意的許多老師常探討熱情用盡、愛心枯竭的感受，能從這兩種失望中仍看到希望的人，深信是因為他們擁有很高的工作道德，尤其在教育環境與期望都不再單純的今日，為人師而能不惰並常懷喜樂，背後必然有一份我們不會時時紀念的堅定。

我從這份堅定中看到希望，也得到許多人在不同角落但為著下一代齊心努力的鼓舞。

推薦序三／
來自學生家長

小時候，我著迷於《保母包萍》（Mary Poppins）的故事。她舉黑傘、乘東風而來，帶領孩子們穿梭在表象世界的祕密夾縫中，遨翔星空與碧海，能說仙子、妖精、嬰孩、大象跟小鳥的語言。她的作為跳脫了凡常的規則與定律，可是她面對孩子時自有準繩，不由得孩子撒嬌打商量，卻能讓孩子們心服口服。長大離家，那早已破舊的《保母包萍》不知何時失去了影蹤。但當了媽媽後，我輕擁孩子同看影片，一起被包萍的光重新映照。卻聽見小小的孩子在想望中嘆息：「保母包萍不會真的來吧？」

萬萬沒想到，保母包萍她居然真的來了！她頂著音樂之傘，降落在我們的小葉橄欖樹下。她清楚通往神奇國度的祕密通道，伴著孩子在一座屬於她們的奇妙宇宙裡展翅悠遊，那兒有動物夥伴、有異域故事……，由音符譜成的事事物物，如繁星絮絮閃耀、如陽光叮鈴灑落。有時，我聽見她為孩子伴奏，為了尊重主旋律的自在，她的樂聲輕落，做孩子最誠摯的呼應。

有時，我聽見她為孩子示範新曲，即便是陌生的樂音，卻能在樂句收放中，很快與孩子的內在取得聯繫。我至此明白，原來當音符化為旋律，可以呈顯這麼多樣且繁複的訊息。尤其在一個心底活著孩子的大人身上，聲音也可以是回音，而文字竟可以承載如此偌大對人間的關照和情意。

獅子老師，有如下凡的保母包萍。感謝她的文字，帶領不一定能受到她樂音照拂的讀者，來到優美如詩的領空，與她共賞每個生命的獨特樣態，然後緩緩被她自然而堅實的愛意所彌漫，在昇華中感覺落實。

——**瑞媽媽**

女兒說：「上獅子老師的課，讓學鋼琴變簡單咧！」以往她遇到新曲子，時常因為覺得困難而停擺罷練，成為獅子老師的徒弟之後，她較勇於接受挑戰，且將鋼琴列為她的愛好。我深信這是老師的教學技巧，以及她對孩子的尊重、包容、彈性與鼓勵，造就女兒的轉變。

獅子老師的文字如同她本人，熱情、直率，還有一種特殊的魅力，我仍清楚記得，看完《琴鍵上的教養課》一、二集時，內心的悸動，好希望獅子老師在台灣；現在，無論晴雨，我和女兒都捨不得錯過她的課呢！

獅子老師謝謝我讓她參與孩子的珍貴童年，我才更感謝她回來台灣，讓女兒有幸獲得她的教導，使學習成為享樂。獅子老師，你不只擁有兩把刷子哪！

——**佳佳媽媽**

當第一眼看到獅子老師時，你會訝異這樣年輕面孔就如同學生般的樸實，平實中卻給人一股堅毅的力量，儘管每個孩子個性不同，獅子老師總會以她敏銳的觀察力，挑出適合他們特質的曲子，讓這些小朋友由衷地感受到學琴的樂趣。

最令人讚嘆的是每週上課時間雖只有短暫的一小時，但小朋友卻都能跟獅子老師來段忘年之交，可見老師深深得到小朋友的信賴，這是我們這些家長有時都做不到的事情喔！從這裡就可以發現獅子老師驚人的魅力和功力了。

——**茉莉媽媽**

獅子老師常跟小魚說：「不要說做不到，要說我會試試看！」她鼓勵孩子要有自信去接受挑戰。雖然小魚沒有純熟的技巧性，獅子老師仍然用愛心和鼓勵肯定的話語，去建設小魚的曲子的練習，而孩子不斷的在老師的鼓勵和關懷中，學琴的動力就更有勁了。

練不好沒關係就努力多練習，她常讓孩子學習相信自己做得到的，如果真的做到也會得到老師給予的讚美，如果失敗了，老師也會給予關心說：「沒關係，你已經很棒了，因為你試過了。」

能夠遇到獅子老師，一個用心帶孩子，用愛去教孩子，用鼓勵去堅立孩子，用音符去譜孩子生命樂章的老師。小魚能夠當她的學生是人生中很幸福的事！

——**小魚媽媽**

我家女兒上獅子老師的兩堂課——鋼琴以及人生。
鋼琴課，我是女兒的聽眾，聽她講解貝多芬有多厲害。
人生課，獅子老師是女兒的聽眾，和她談論音樂、文學、電影和展覽。
朋友看到我家女兒這一兩年的成長，稱讚我這個做媽媽的有智慧；做媽媽的智慧就在於為孩子找到一位亦師亦友的人生導師——獅子老師！

——**小雨媽媽**

目錄

As long as you are motivated to learn, anytime is a good time.
只要有心，任何一個時間點都可以是黃金起跑點。

黃金起跑點

我問他幾歲開始學中提琴。
他告訴我十歲開始學，但他真正的開始是喜歡拉琴後。

前些日子接受一家雜誌採訪，洋洋灑灑十幾個問題，我看了感受到問題傳達出的焦慮，家長們都不希望孩子起步遲了，即使慢了半拍都是罪過。記者拿出錄音機和筆記本，我們就開始了。

記者問幾歲開始學琴最適合，我教過各個年紀的初級課程，每個年紀有不同的優勢和劣勢，每個人的天分也不一樣，真要訂個起跑點還有些困難。

我教過最小的孩子是四歲半，因為她四個哥哥都學鋼琴，從小聽慣了琴聲，也覺得學琴是理所當然的事；教過最年長的是七十歲的阿嬤，以前當過空姊，退休後來圓學鋼琴的夢。

記者說就談談我自己吧，我則是六歲開始的，所以要填上「標準答案」並沒有那麼簡單。

記者接下去問，「根據研究，絕對音感發展的黃金時期是四到六歲，過了這個時期，就無法培養了，老師你的看法如何？」我怔了一下，無來由的感到一股壓力，馬上想自己四到六歲時有上什麼絕對音感的課？沒有啊，那時我的玩伴就是鄉下院子裡的雞和鴨。

絕對音感，所謂「絕對」，就是聽到一個音，馬上可以分辨是什麼音，有絕對音感的人唱歌、拉琴，音可以抓得很準。彈鋼琴的人不需要擔心音準，只怕鋼琴沒有調音。

專家們說，四到六歲之間若沒有好好訓練絕對音感的話，要學音樂就難了。我不曉得這樣的結果是什麼樣的研究而來的，但我想起自己和朋友小伶的聽寫課。

視唱聽寫課是每個音樂系學生必修的課程。聽寫課是這樣的：老師會先在鋼琴上彈個La音，讓我們知道這是絕對音準，再彈完一整首曲子，我們聽過一次後，老師會從頭來，這次可能只彈個兩個小節，再來四個小節，直到全部曲子彈完，我們得把聽到的每個音寫下來。

五專的音樂科一個禮拜我們有三堂視唱聽寫課，學校把聽寫課依能力分班成A、B、C三班，A班聽的東西比較難，C班則比較簡單，學期成績以在不同班的表現來打，在A班得的甲和在C班得的甲程度不大一樣，但成績單上都是甲。

我被分在A班，小伶在C班，上了一年後，專二開始，聽寫依照一年級的成績重新分班一次，這次小伶分到了B班，我還是在A班。

我覺得小伶很厲害，可以升級，也了解聽力可以訓練，可以再進步，我督促自己要加油。

到了專三，我還是在A班，這次小伶成了我A班的同學。在三年裡，小伶的聽寫課從C班到B班，最後進步到了A班。她早過了絕對音感訓練的「黃金」時期，但她做到了。

我想到在美國的公立小學裡，有的學校提供了免費的弦樂課，我的學生陶非四年級時在學校開始學中提琴，也加入了學校的管弦樂團，中提琴是向樂器行租的。他來上鋼琴時都會和我報告他學中提琴的進度，一年後他和同學們表演了一場很可愛的聖誕節音樂會，更自己作曲參加弦樂作曲比賽。他一直拉琴，進了大學後，還參加了學校的管弦樂團。

我問他幾歲開始學中提琴。他告訴我十歲開始學，但他真正的開始是喜歡拉琴後。「I started playing viola when I was 10, but I didn't really start till I started to care for it.」

我想小伶和陶非都不是音樂神童，也早過了訓練音感的「黃金」時期，但他們讓我知道憑著努力和對音樂的熱忱，這並不是做不到的。

只要有心，任何一個時間點都可以是黃金起跑點。

至於小伶有沒有輸在起跑點我不知道，我只知道沒有幾個人可以從C班晉級到A班，對我而言，她才是最後的贏家。

如歌的行板

我常看著他的小腦袋瓜，覺得神奇，裡面到底裝了什麼？一個才八歲的小男孩，可以在短短一個禮拜把長達六頁的鋼琴譜背起來。

禮拜六早上我一定會更早起，因為我知道小建會比我早起。十點的課，他爸媽開車帶他來上課要一個小時的車程，他們沒有遲到過，其實他們常早到了，在捷運上每當我接到他們已經到工作室的電話，恨不得已經開得很快的捷運再快一些，我不想讓小建等。

一下捷運我小跑到工作室，電梯門一開，小建已經等在門口。看到我，一張小臉已經笑開，他跑過來牽我的手，拍打著工作室的門。

我趕緊把鑰匙拿出來打開琴房的門，小建匆匆地把鞋子踢下來，迫不及待地進琴房，已經要開始告訴我這個禮拜音樂方面的新發現。

「老師，音樂真的充滿在生活裡呢，真的！像我上個禮拜去燈會，小朋友們拿的燈籠會播放音樂，我一聽是貝多芬的《熱情奏鳴曲》第二樂章，真的喔。有的是播放莫札特K. 330的主題旋律，真的，真的啦。」

每次小建來上課，會如數家珍地一一向我報告他這個禮拜聽了哪些音樂，什麼故事讓他驚奇，什麼調性他愈聽愈喜歡。

他最愛從我的一堆樂譜裡找出最近聽的音樂，然後從第一首開始告訴我他的新發現。

「這首曲子和誰誰的那首曲子風格非常類似，你不覺得嗎？而這首曲子的最後一個樂章……」小建很忙碌地翻著譜，要和另外一本譜比較。

「你看！」他如發現寶藏地指著譜說：「果然都是以大調結束，這就是上次我們學過的……」他已經忍不住笑意地等著我說：「姓皮名卡地的——皮卡地終止！(註)」「哈哈哈，好好玩的名字。」他喜歡聽我胡扯地說出這個名稱。

「老師，你知道嗎？你很適合彈莫札特，上次你彈K. 331給我聽，很好聽。」我謝謝他，接著問他，那他適合彈什麼。

他歪歪頭想了一下說：「我很適合彈莫札特、海頓和貝多芬。」

我抗議說為何他適合那麼多作曲家，而我只適合一個，他用很老到的口吻安慰我說：「因為你個性很開朗啊。」

我等他說到一個段落，告訴他我想聽他彈琴了。他乖乖地把譜放好，問我想聽什麼，我說演奏會上他要彈的莫札特曲子。他把譜拿給我，跑到鋼琴前坐好彈了起來。

我打開譜，看到他加了很多新的表情記號。

上次我們學了音樂術語，我告訴他這些音樂術語都是義大利文，雖然都是由字母組成的字，但和英文不一樣。

小小年紀才八歲的小建，聽了沒有什麼特別的反應，點點頭要我繼續說。「像這Andante Cantabile 是如歌的行板，Andante是義大利文走路的意思，所以不要彈太快，Cantabile是唱歌的意思，所以這就是如歌的行板了。」我指著這個字說。他指著另外一個字Con Espressivo，我說這是指帶有情感，富有表情的意思。他再點點頭，表示他知道了。

今天我打開譜，看到整本譜上寫滿了這些術語，全都用義大利文寫著。他稚氣偌大的字跡，一個一個字母地拼著。Largo，表示他覺得這裡可以再慢一點，Molto Forte，表示他覺得可以更大聲，最後樂句他則寫上Lento，表示要慢下來，他把曲子照自己的意思重新編輯了一次。

這首曲子我們學了一段時間，小建其實一個禮拜的時間就學好了，還把譜背了起來。

我常看著他的小腦袋瓜，覺得神奇，裡面到底裝了什麼？可以在短短一個禮拜把長達六頁的鋼琴譜背起來。

他說他不大了解這曲子，我便告訴他一個故事。

「你看，曲子一開始上上下下的琶音，像不像海水的波浪一波波地打上岸？好陰沉的天氣，你走在沙灘上還被海水潑了一身呢。」

他指著下一段問，「然後呢？」

我彈了主旋律的段落說：「開始下雨了，你看，這個Forte的Mi，你得彈八次，像不像打雷？雷聲大作，就下起大雨了。」我彈起中段半音音階的快速樂句。

小建聽了眼睛都亮了，等不及要聽下一段。

我們把譜翻到下一頁，「哇，你看這華彩奏的音階從這麼低的音到這麼高的音，因為雨下得太大，你跑回家，你跑得好快好快，就像這些音一樣。」

我們翻到最後一頁，「雨過天晴！曲子轉為大調了，你開心快樂地在外面跳舞跑步，雨停了，你和小朋友們又可以出來玩，喏，最後這四個D大調的和弦雄偉結束了精采的一天。」

小建聽完了，用力地點頭說：「我知道了，你這麼說我就了解了。」

小建把這首幻想曲彈得非常生動，比較大的問題不在他的音樂性，而在他還太小的手，有些樂句他得斟酌地省略一些音，不過整體上聽來非常動聽。有幾個地方我覺得可以再慢些，還有些樂句我們可以用慢速來練習會更理想。等他彈完，我告訴他非常好。

「好，小建，那我們現在來看看這個地方。來，你再彈一次，這次我們慢一點，漸強的部分再多一點，這是打雷啊，對不對？」

他坐上鋼琴，從頭彈了起來。我要他再慢，再更大聲，小建試了幾次，不是很順，我鼓勵他再來一次。他彈了那個樂句，但反而彈快了，我打斷他，再來。

小建站了起來，對我說：「已經很好了，為什麼還要我再彈？」

我解釋上課就是如此，我幫他更進步。小建眼睛紅了。

「為什麼你們一定要我完美？為什麼上台一定要都沒有錯誤？為什麼？為什麼？」小建哭了起來。

我趕緊安慰他說，老師不是要求他完美，他已經彈得很好了，我們只是要把一些地方改一下，而且我並不要求他上台要完美，我只希望他會喜歡上台演奏的經驗。

他愈哭愈大聲，「那為什麼你還要我重來？為什麼？我已經很努力了，嗚嗚嗚，為什麼？」我過去拍拍他，他擦擦眼淚，繼續哭，好像有一肚子的委屈般，哭得好傷心好傷心，看得我心也揪了起來。

「小建，不要哭了，好不好？你彈得這麼好，老師真的很以你為榮。」

我把衛生紙遞給他，他草草地擦一擦。我看他平靜了一些，要他坐到我身邊，我抱抱他說，「乖，不哭。老師很喜歡聽你彈琴，那你彈海頓給老師聽，好不好？」他默默地點點頭，坐上鋼琴，乖乖地彈，一邊彈一邊輕輕地抽噎著。

下課時間到了，我們的心情都非常灰暗。

他爸媽來接他下課，看他眼睛紅鼻子也紅，知道有了些狀況，媽媽沒有說什麼，謝謝我後他們就走了。

那天我寫了封信給小建媽媽，大概描述一下上課時發生的事，也告訴她我下次會更注意措辭及應變的方法。小建媽媽馬上回信，謝謝我的耐心和體諒，並告訴我上完課他們到附近的公園散步。小建坐在樹下，本來上完課會一直嘰嘰喳喳說個不停的，那天反而很安靜。

她尊重我們的鋼琴課，所以要我保密，不要讓小建知道我們通過信。

下次小建再來上課，我們禮貌客氣得像陌生人。我問他要不要彈上台的曲子，他慎重地點點頭說好。

他彈了起來，音樂裡多了些什麼，我說不出來，有些長大了的感覺，比較沉穩，上次我們特別改的地方也更好了。他彈完，我稱讚他彈得很好。

他謝謝我，站在鋼琴旁邊，看著我像是要告訴我什麼。

我問他怎麼了，他想了想，有些不好意思地說：「老師，那我還有什麼地方需要改進的，請你告訴我。」

我一時鼻酸了，眼睛微濕清清喉嚨說，「好，我覺得最後一頁D大調的地方可以再快一些，你要不要試試看？」他馬上坐上鋼琴椅，很認真地彈了起來。

我了解這是小建說抱歉的方式，他很抱歉上次失控，而今天我們重新來過。

從他的音樂裡我聽到的不只是莫札特如天使般的音樂，還有他一顆熱切學習的心，這些我全聽到了。

我坐直了身體，專心地聽小建彈琴，一個音也不想錯過。

註：小調曲子結束於大調和弦上，即為皮卡地終止。

百分之98.76完美的學生

「聽著，不要去想主任說的，忘記它，忘記它！你還有下半場要唱，把心思放到你最喜歡的舞台劇的歌，你告訴過我，那是你當初愛上歌唱的起源啊，記得嗎？」她虛弱地點點頭。

學期的開始，我在學院的辦公室排課表，電話響起，我接起來。「喂，是獅子老師嗎？我是貝絲。」很清秀的聲音，非常小聲，幾乎聽不到。「我就是，可以請你說大聲一點嗎？」

她清清喉嚨說：「你好，我想我的課表排錯了。我應該是上大班鋼琴課的，不是個別課。」

我問她有沒有學過鋼琴，她很為難似的說有，我說那就沒錯了，有上過鋼琴的話，就可以接下來上個別課。她想再解釋什麼，卻欲言又止，我問她怎麼了，她想了想，放棄般地說沒事，那就上課時見了。

貝絲第一次來上課，很有禮貌，也很有距離。

我問她學琴的歷史，她以前學過，轉學來學院後，和L教授學了一個學期。L教授這學期退休了，我接手他的學生。

我看她學過的譜，再怎樣，也不會排到大班課。我請她彈些舊曲子給我聽，她彈大班課教材的最後一首小步舞曲，手指和手勢沒有初學的生澀，頗具音樂性。我稱讚她可以把一首簡單的曲子彈得這麼好，她低頭臉紅了。

我要她繼續大班課程的第二本教材，再給了她簡單的華爾滋，我們就這樣開始了新的學期。

後來她再來上課，還是很有禮貌，但看得出來沒有以前的害羞。她總是笑盈盈地進來琴房上課，說話的音量還是很小，我請她說大聲一點。她慧黠地回答：「那你要更仔細地聽我說才是啊。」我大笑。

後來，她才告訴我為何當時很害怕上個別課。

因為L教授上課的方式很奇特，她彈完一首曲子，他會沉默不語，久久後才問她對這首曲子有何看法。她生性害羞，一首短短的曲子，技巧還不熟，她希望老師可以幫她，但教授就是不說話，要她回去再多想想。

上到期末，她想到鋼琴課就喪氣地想哭。

後來看到換了新老師，我中文名字的拼法看了更令她害怕，乾脆就先投降再說吧。

貝絲主修聲樂，幾個學期下來，鋼琴愈彈愈好，接著也要開畢業演唱會了。她請我當她的伴奏，我欣然接受。一看她的譜，厚厚一疊，德文藝術歌曲、法文香頌到義大利文的牧歌及英文的舞台劇歌曲。

我看了傻眼，問她這樣的曲目沒有兩個小時唱不完吧。她說她的聲樂老師想先試試這些曲子，再慢慢淘汰掉一些。我說好，我們一起加油吧。

她的老師那個學期接了主任的職位，外務很多，常常請假不在，請我多幫貝絲伴奏之餘，也幫她聽聽。我們把曲子照語言分四個部分，一次練習一個部分。貝絲雖然對老師常常缺席感到不滿，但也很認真，不敢怠惰，每一個禮拜過去，就表示少了一個禮拜，更表示她必須有所進步才趕得上期末的演唱會。

當聲樂老師回來上課時，我跟著貝絲去。老師因為時間不多，想改的東西一下子改不完，貝絲再怎麼認真，也無法做到老師要求的。老師時間有限，一個小時的課上不到幾首歌曲。

上完課我們走出教室，貝絲希望先到我的琴房，我說好。一進到我的琴房關上門，她就哭了起來。

我讓她哭，知道她心中一定非常懊惱，老師常不在，而音樂要進步需要時間，這不是一堂課可以做到的，更不能一兩個月不上課，然後一下子排三四堂課來補。

我知道主任有他的行程，但我終究不是貝絲的聲樂老師，我所能做到的是盡量鼓勵貝絲。

眼看著演唱會的日期一天天逼近，主任並沒有空出比較多的時間來上課。

我告訴貝絲不管怎樣，扎扎實實地把曲子背好，上台就不怕了。

上台前主任上了幾次課。學生對老師不信任，而老師想在最短的時間內把曲子修改到更好，我當伴奏的，坐在鋼琴前面，可以感受到他們之間的張力。不過我盡量配合，要我大聲我就大聲，要小聲就小聲。

我想讓貝絲知道，我會和她一起在台上，支持她，幫助她。

我知道貝絲很認真，上完課一定馬上回琴房練習，因為琴房就在我辦公室的隔壁。有時候我有時間，就直接到琴房幫她合伴奏。我告訴她，她唱得很好，上台一定沒有問題的，何況她準備得這麼周全了，一定可以的。

到了表演的那天，主任和音樂系的老師都到了。貝絲看到這麼多人來，有些害怕。我們在後台，我告訴她，這麼久的準備就是等這天了，忘掉台下的人，只要去想音樂帶給她的快樂。

音準、音色她都有，所以不要擔心。好好地去當一隻夜鶯，歡欣地啼唱。

她先和吉他老師上台，演奏義大利的牧歌，吉他清脆的和聲伴奏，很有古典風。接下來我們就進入德國重量級Wolf的藝術歌曲。每一首歌如德國的哲學，厚重實在，音樂之美和輕亮的牧歌大為不同。

貝絲在我前方，手穩穩地放在琴蓋上，回頭給了我一個微笑後，我們開始。

我想起我們合奏的第一次，她的譜上寫滿了德文發音，我也想起她第一次來上課害羞的樣子，而現在她站在舞台中間，高聲地唱著Wolf。

上半場完美結束，我們回到休息區休息。我抱抱她說她唱得好棒，而再半場就結束了。她臉紅通通地，興奮地微笑直點頭。

主任敲門進來，他拍拍貝絲的肩膀說唱得還不錯。主任接下去說，「整個說來，和吉他老師的合奏很好，那簡直是完美的組合。Wolf嘛，嗯……」

老師停了一下，「你德文的發音不夠清楚，sch的音我們上課提過了，可以再更好，而和獅子老師的合奏，你的部分是百分之98.76完美，而獅子老師則是百分之98.50完美。好，下半場不要忘記法文的發音。」

主任帶上門走了出去，我轉頭看貝絲，她如被放血般，臉色蒼白。我上前把手握住她的肩膀說：「貝絲，看著我，聽我說。」她的眼眶紅了，淚水滿溢。

「聽著，不要去想主任說的，忘記它，忘記它！你還有下半場要唱，把心思放到你最喜歡的舞台劇的歌，你告訴過我，那是你當初愛上歌唱的起源啊，記得嗎？」她虛弱地點點頭。

我繼續說：「我很抱歉我只有百分之98.50完美。」她笑了。

「我下半場會盡量做到百分之百完美。」我說。

貝絲抱抱我，我把譜拿給她，她說她喝個水，休息一下就好了。

說真的，我也不懂為何主任在中場休息時要說那些話，任何時候都可以談如何可以更進步，但有一個時間點不適合談——那就是上台的時候。甚至在上台的一個禮拜之前就不該再改任何東西。

但每個老師帶的方式不一樣，或許主任是這樣帶學生的，但我想學生上台已經夠緊張了，安定軍心有時反而更重要。

貝絲下半場表現得很好。這樣一場重量級的學生演唱會，我非常以她為榮。她唱畢，我們一起敬禮。

演唱會結束後，她還有一個學期的課，她修了鋼琴，也開始準備畢業考。她來上課，沒有開演唱會的壓力後，看得出她放鬆多了。

我們彈德布西的《月光》，她不能相信和我學的時候，她才彈大班課的教材。我說：「你真該多相信你自己。」她笑了，她說那我更會為她將要告訴我的事高興。「老師，我畢業後要去讀法學院。」

我很訝異聽到她如此說。音樂史上很多音樂家都是先學法律的，後來放棄了法律而走音樂，而我們的貝絲則是從音樂的路要轉向法律！我祝福她。

她告訴我最近在準備畢業考之餘還開始準備LSAT（法學院入學測試），雖然很忙也很有壓力，但她知道那是她要走的路。

我看著她，覺得她真了不起，她一向知道她要什麼。發現和鋼琴老師不和，主動要求改課程，老師沒時間多上課，自己就多練習，她一直往目標前進，設定了就勇往直前。所以，當我知道她考過了LSAT一點也不驚訝，而當她申請到哥倫比亞大學的法學院，我更為她高興。學院畢業後，她就到紐約當起了法學院的新生，逐步實現她當律師的夢想。

開學後她來信告訴我說，她到的第一天新生訓練，在一群高學府學生中，

別的學生拿著LV及其他高檔的皮包，穿著香奈兒套裝。她拿著一個家人送的畢業禮物COACH包包，及我們一起逛街買的平價套裝。

別人問她哪個學校出來的，她說了學院的名字，沒有人聽過，但那又如何。她也是他們其中的一員，一樣的了不起。

她信的結尾署名簽上：「你百分之98.76完美的學生上。」

我笑了，而我也才百分之98.50完美，不過，那又何妨。我知道在我心中，她可是我百分之百的驕傲。

Pi 男孩

「我不覺得我考得特別好，就照平常啊。記者一直問我怎麼準備的，他們就是不相信我。」

我問：「那你是怎麼準備的？」

看看時間，陶非應該快到了，他很少遲到的。

我喝口熱茶，翻翻報紙，看到了陶非的照片。把茶放好，專心地讀起了報紙，「陶非——本地區的公立高中十一年級生，創下本州SAT考試最高成績。陶非爸媽皆為高中老師，對於小兒子有如此佳績，很以他為榮。陶非為了這個考試，花了很多時間準備，整個暑假收集了很多資料和題庫，不斷地練習。他本人表示可以創紀錄為學校爭光，覺得很榮幸。」

我正讀得津津有味，砰地門開了，陶非走了進來。

「嘿，你看，你耶！」我把報紙遞給他看。

他瞄了一眼報紙，嘟囔了幾句，在鋼琴前坐了下來。

我高聲讀了起來：「陶非——本地區的公立高中十一年級生……」

我還沒讀完，他說：「好了，好了，拜託你別再唸了。老天，記者已經煩了我一個禮拜，想不到他還是沒辦法把我說的寫出來。」原來記者上個禮拜到他的學校，不是訪問校長就是訪問他的老師們，放學後他還得留下來回答問題。

我笑了說，「這很不簡單，本州SAT的新紀錄呢。」他說，不是別人考太差，就是他們不夠用功。「我不覺得我考得特別好，就照平常啊。記者一直問我怎麼準備的，他們就是不相信我。」

我問：「那你是怎麼準備的？」

他說：「考試就是這樣，you just study，讀書啊，沒有什麼祕訣，也沒有什麼祕密。我沒有特別的技巧，也沒有特別補習。好了，饒了我。」

我拍拍他的肩膀，小心地問：「那我可以把剪報貼起來嗎？」他笑說：「可以。」我一面貼剪報，一面問他大學想讀什麼，他一面彈琴一面回答：「化學，然後醫學院走外科。」琴聲蓋過了他的聲音。

我看看陶非褲子的一側都是泥土，問：「你該不會又是……」他笑了。

我數落他：「這樣很危險的，大馬路你不走！」他看我這麼生氣，更開心了。

陶非的家在山坡上，到我家需要轉兩個S形的彎。一天，他從後院往下看，看到了我家後院，發現兩點最近的距離是直線。他便看準時間，在上課的前一分鐘出發，直接從後院像滑雪般地滑草下山坡。

「哎呀，老師，別害怕，這樣又好玩，又省時間和體力。」他頑皮地笑笑。

陶非從小學四年級和我學琴，也在學校學中提琴，最喜歡的電玩是超級馬利。他喜歡為中提琴作曲，也喜歡參加學校的管弦樂團。

他試過用中提琴拉超級馬利的配樂，卻發現鋼琴更適合，因為鋼琴還可以配上左手的和弦。他自己從網路上找到整組超級馬利的樂譜，自己練習之餘，還把覺得可以更有趣的部分改寫。有一年他在學生的鋼琴演奏會上彈奏了整組的超級馬利，他一彈Mi Mi Mi Do Mi Sol，小朋友們興奮地尖叫大笑。

除了作曲，改寫音樂外，他最喜歡的科目是數學。

一天他來上課，問我怎麼慶祝這一天。我問有何特別的地方嗎？

他很吃驚地看著我說：「請你以後絕對絕對不要再這樣對待這麼特別的一天——三月十四號，各位，這是數學上絕妙的一天啊——Pi日。」

我想了想，點點頭說我知道Pi等於3.14，他略微滿意地點點頭。

他說他們這群Geeks（怪胎）是這樣慶祝的，而我也應該做筆記記下來。

他清清喉嚨開始說了，「Pi日是數學愛好者的重要節日，我們數學

Geeks有我們自己一套儀式來慶祝它。在三月十四號凌晨一點五十九分我們正式歡迎Pi日的來到，這樣Pi的所有數目都可以包括了，如果你還不知道，Pi=3.14159。」

我瞪了他一眼，他很得意地繼續下去：「我們會每年做不同的紀念品，像涵蓋3.14159數目的項鍊或是T恤，我們會穿戴這些有Pi符號的衣服和飾品迎接Pi日的到來。」

我搖搖頭，覺得不可思議。

他說還沒有完呢。「因為那麼早，我們會先在二十四小時營業的超商集合，去買個派（派「Pie」音同「Pi」），等到凌晨三點十四分大家一起吃了。再多買些派，等下午三點十四分時再吃一個。而且這一天裡，我們得背誦三百一十四次Pi的數目，以達到我們慶祝Pi日的意義。」他說完，我大笑，他也笑了，接著從背包拿出一個派，問我要不要吃。

這就是我認識的陶非，享受數學，享受音樂，享受和朋友一起找尋當怪胎的樂趣。

上了高中，他沒有放棄小時候的任何嗜好，還是一樣在學校當數學小老師，還是一樣參加學校的管弦樂團，還是一樣作曲。

當他上了高三，我問他想不想開個畢業鋼琴演奏會，他說好。我們討論曲目，他告訴我很喜歡艾靈頓公爵（Duke Ellington）的歌曲。

譜一拿出來，我們嘖嘖稱奇，因為音符整頁整篇，升降記號滿滿都是，再加上歌詞，頁面幾乎沒有空白。

他把譜擺好，彈了起來。他一面彈一面學艾靈頓公爵因過度抽菸而沙啞的聲音唱歌，因唱得太低還咳嗽了起來。「這還不夠低，我再試試。」他說。

艾靈頓公爵堪稱為美國爵士樂的元老，他常自彈自唱，爵士樂複雜的和弦在他的彈奏下成了慵懶但又極具色彩的音樂。陶非彈得很好，彈到比較難的部分他停了下來，我上前幫他，才發現要我馬上視譜彈奏示範，還真不是件容易的事呢。我說這譜我得去買一本好好練習，不然真會漏氣。他說：「老師，你覺得如何？我想全場彈艾靈頓公爵。」我知道陶非做得到，我說好的。

陶非一首首歌曲慢慢成形，有時他練累了，中間穿插個超級馬利，我們大笑，他再繼續。

我們討論開演奏會的場地，本來我們都借用教堂來開演奏會，但是艾靈頓公爵的歌詞不大適合那麼神聖的地方，陶非媽媽建議在他們家開好了。

他們正在蓋房子，還沒有蓋好，但為了演奏會，他們和建商商量先把一樓的部分蓋好，再把鋼琴搬到一樓的客廳，至少可以當演奏會的場地。

最後幾天我們在新家彩排，建材暫時先收到了車庫。五月還不是太暖和，家裡的暖氣還沒有裝好，我們靠著一個暖爐取暖上課。

他把全場曲目預演完，好像一個年輕的艾靈頓公爵再世，看著陶非彈這麼老成的爵士樂，學著他沙啞的嗓子，不禁莞爾。而我們就要開一場前所未有的畢業演奏會了，我告訴他我很以他為榮，他謝謝我。

我問他，鋼琴學多久了。

他想了想說，「老師，你知道嗎？什麼時候開始其實不算數的，真正算數是從我何時開始喜歡上鋼琴，那才算數。那會是——」

我們一起答：「超級馬利！」我們大笑。

那是一場非常特別的演奏會，完全爵士，完全的艾靈頓公爵。我想對一個Pi男孩來說，他一定覺得本來就是這樣，就如本來就該在三月十四號的凌晨一點五十九分慶祝Pi日，本來就該在畢業演奏會上彈艾靈頓。

陶非畢業後，上了大學讀化學，如他所計畫，而不久前，他來信說大學即將畢業，申請到了醫學院。

我問他想唸什麼，他說：「外科，不是告訴過你了嗎？」我想對的，他有提過。而我知道他怎麼做到的，如他曾經回答過我的「You just study, that's all.」沒有別的方法，也沒有別的祕密，去做就是了。而Pi對我，也有了新的意義。

俠女盟盟

彈畢我問她覺得如何，她說像郭靖想念黃蓉的感覺。我驚嘆教了這麼多年的鋼琴，第一次聽到武俠版的感受。

開學了，盟盟來上課時，我正找著要給她的譜，沒注意到一團亮麗的淺黃色輕柔地飄了進來。我轉身看到了盟盟，「嗨！」她向我揮揮手。

我嚇了一跳，認不出她了，原來她穿著制服來上課。

暑假時她總是一件牛仔褲和T恤，一頭短髮側分。而今天穿著制服的她，戴起了黑框眼鏡，頭髮也夾了起來，看來長大不少。

我想起國中時的我，拿制服去繡學號，一條線表示國中一年級，如盟盟淺黃色制服上繡的數字和橫線。

我問她上國中覺得怎樣，她說不錯。想起上次上課還是暑假的時候，她媽媽說最近盟盟很認真在讀我的書。我聽了很驚喜，便問盟盟喜不喜歡我的書。她說那是障眼法，因為上國中必須考分班考試。她不想讀書，想看《射鵰英雄傳》，但她想媽媽可能不會希望她在這個時候看武俠小說。

「所以呢，老師，我就看你的書，這樣媽媽就不會說什麼了。」我聽了哈哈大笑，想不到我的書還有這個功能。

「『障眼法』好看嗎？」我問她。

她側頭想了想說：「老師，我覺得大人都很壞。」我大吃一驚，問她為何這樣說。她說，因為讀到有個故事，有個爸爸要錄下和我的對話。我解釋說，那是因為學生的父母住在約旦，很遠很遠，媽媽沒辦法來，所以請爸爸錄音下來，好更了解學生在學校的行為。

盟盟皺皺眉說，她覺得這樣不好。我問她那「障眼法」看完了，有沒有看她真正想看的書，她馬上眉開眼笑說：「有！好精采。」我也笑了。

我們開始練起一首叫《悲嘆》的曲子。我先彈了一次給她聽，曲調是小調，有著淡淡的哀傷。

彈畢我問她覺得如何，她說像郭靖想念黃蓉的感覺。我驚嘆教了這麼多年的鋼琴，第一次聽到武俠版的感受。

「郭靖找黃蓉找得很辛苦呢，老師。這首曲子的感覺很像他在思念她。」

好個盟盟，我心想。

盟盟彈琴的樣子很專心，不管之前我們在說什麼，只要我們開始彈琴，她手擺上琴鍵，如變了一個人般，從青澀的國中生變為小鋼琴家。

她彈出心中的悲嘆，是郭靖想念黃蓉的苦楚，是江湖兩忘煙水裡的豪情。

我也發現盟盟厲害的地方，給她一首新曲子時，或許彈得不是很快，但下一次上課她再彈奏，這曲子已經是她的了。

她讓我知道起跑點不是那麼重要，重要的是你可以跑多遠，可以多認真地跑。

她的袋子上別有一個台大的徽章，問我認不認識讀台大的人。

我笑說我爸爸就是，他很不簡單，因為爸爸小時候家裡很窮很窮，去上學還得照顧兩個還小的弟弟，帶一個背一個去上學。

爸爸坐在教室上課時，看到在外面玩的弟弟被欺負而哭了，卻沒有辦法去安慰他，心中覺得很著急。盟盟說要是她的妹妹被欺負了，她也會很急的。

爸爸說他考上第一志願，但因為家裡沒有錢，所以去讀了公費的師範學校。當了小學老師後，覺得自己可以再更進步，想去考大學，但沒有錢補習，他就站在補習班外面聽課，這樣自己苦讀，而考上了台大。

盟盟聽到這裡，眼睛睜得好大，說了一聲：「偉人！」我笑了，說爸爸真的很偉大。

盟盟嘆了一口氣說：「老師，這就是我沒辦法成為偉人的原因。你看，我家不夠窮，我一生都很順，寫成傳記也沒有什麼好激勵人的。要是傳記裡有個『但是』的字眼，可能會是書裡最讓人興奮的了。而且我家就是開英文補習班的，我根本不用站著聽課，還一定是坐第一排的。你看，我這樣怎麼能成為偉人呢？」

我想了想告訴她：「盟盟，你很棒。」

她不解地看著我說：「不是才告訴你，我無法成為偉人的種種原因嗎？」

我說：「對，沒錯。但是你看，你從早上七點上學，到現在……」我看看時鐘，八點五十分，「到現在晚上八點五十了，你還是神采奕奕，笑容滿面，從來沒有在我面前抱怨過累，也沒有顯現過任何負面的情緒……」

我還沒說完，盟盟不好意思地說：「老師，上鋼琴課很難打哈欠的啦！媽媽也教過我如何閉著嘴巴打哈欠。」

我說：「這是很重要的，即使你得閉著嘴打哈欠，也表示了你尊重老師，這很了不起的。」她臉紅得不知如何是好。

我們闔上譜的時候，突然看到一頁譜上寫了一些字。

我翻回去找，看到譜上的插畫畫著一個騎兵騎著馬，盟

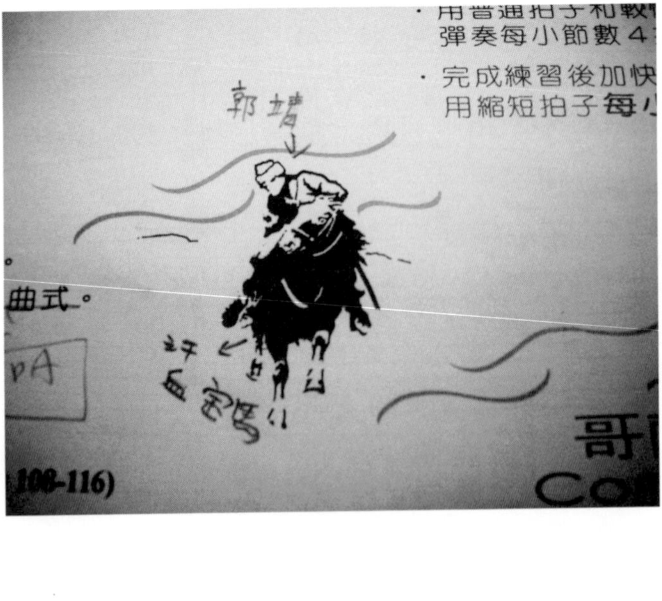

盟在譜上寫著：「郭靖。」一個箭頭指著馬，寫著：「汗血寶馬」。

我大笑。她說：「你看，像不像郭靖騎汗血寶馬的英姿？」我說我真該去把《射鵰英雄傳》找出來讀。

下課了，盟盟背上大書包，一身的淺黃和淺綠，飄飄然地出了琴房。

我看著走進夜色的盟盟，騎著汗血寶馬奔向江湖。我誠摯地希望她的劍可以斬斷升學壓力，她的武功可以讓她保有一顆赤子之心，而伴隨她最厲害的武器，會是她滿面的笑容和正面的能量。

請願的小孩

她彈完一遍，我正要開口說話。

她立刻彈起第二個節奏變化的練習，我想好個紀律的學生。

第二輪彈完，我正要開口說話，她又繼續了第三輪不同節奏的練習。

「可以給你貼紙了吧？」我問，小魚笑笑說：「好吧。」

小魚是新學生，媽媽先寫了封長信來，把她的學琴故事娓娓道來。

小魚今年小學二年級，學琴已經有一陣子了。她非常熱愛鋼琴，五歲時她要求學琴，上了琴課後，鋼琴是她的最愛。老師給多少功課，她就練多少，還會自己找喜歡的音樂彈。

一年後小魚也開始參加了檢定和鋼琴比賽，雖然這些活動所要求的曲子很多，小魚練得更勤快之外，沒有別的抱怨。她喜歡鋼琴，就這麼簡單。

只是最近好像碰到了瓶頸，曲子都無法通過，比賽和檢定的曲子練不完，也彈得沒有以前好。媽媽說小魚還是喜歡鋼琴，只是不管怎麼練，都無法進步。她沮喪難過，對自己的鋼琴能力開始產生質疑。

小魚媽媽希望我可以聽聽小魚彈琴，給些意見。

小魚來上課，綁著兩條辮子，提個袋子，笑臉迎人，非常可愛。她拿出一堆譜，至少有十幾本。我問她彈了什麼，她一一數給我聽，這麼多曲子沒有一個小時我想練不完。

她開始彈哈農練習曲，我坐在後方聽，看她的手型。她彈完一遍，我正要開口說話。她立刻彈起第二個節奏變化的練習，我想好個紀律的學生。

第二輪彈完，我正要開口說話，她又繼續了第三輪不同節奏的練習。

她彈得很專心，因著不同的節奏，她的身子隨著搖晃，我沒有看過學生彈哈農這麼享受。

在她要開始第四輪的練習前，我即時叫住她，說她手型和指法都非常好，而且很扎實，她害羞地笑了，謝謝我。

我繼而聽比賽的曲子，小魚很有演奏家的架勢，挺直背脊坐好，手擺到鋼琴上，開始彈起進行曲。

七歲的孩子，音色渾厚，充滿了動感，除了中段節奏的小小問題，這真是一首適合她的曲子。我稱讚她彈得好，而且她的老師選了一首很好的比賽曲子。

她聽了沒有高興的神情，反而有些落寞地看著我說，她的老師說她彈這樣沒有辦法參加比賽。

我問為什麼。她說，「中段的節奏我彈得很糟，改了很久都改不過來。」

她說完，頭低了下去。

我說：「你真的彈得很好，這個問題我們等下來試試，你一定做得到的。」我們分析節奏，一起練習。有時候節奏不好改，因為學生習慣了自己的彈法，而有時是因為手指還不夠長而造成。

小魚很認真地聽我示範，一次又一次地練習。

上完後，我告訴小魚和小魚媽媽她學得很好，或許是不同的老師有不同的要求，希望小魚進步得更快更好。

我拍拍她的頭說，好好加油。這麼小的年紀，已經這麼認真，可見她有多麼喜歡鋼琴，而這個就是最好的動力了。不管多難的節奏和曲子，「小魚，我相信你都做得到的。」我說。

我要給她貼紙，她笑笑搖搖頭，沒有接受我的貼紙，反而拿出她自己的，要我為她選一張。這些貼紙印有小鳥、大象和樹，我選了一張上面有好多動物在一起的貼紙給她。她接過去，很禮貌地謝謝我。我不疑有他。

說再見後，我衷心地為她祝福，希望這個瓶頸她可以順利通過，繼續走下去。

一個禮拜以後，我接到小魚媽媽的電話，希望我收小魚為學生，她想換個老師看看，我欣喜歡迎她。

小魚再來，我們一起討論了要不要參加比賽，我讓她決定，若她要參加，她已經彈得很好了，我會幫她彈得更好；若她不想參加，也無所謂，以後多得是機會，也不急在一時。

她說她想試，我說好，我們一起加油。小魚彈起哈農，仍是紀律，一個音一個音為她搭起了鋼琴的基礎。做一天的和尚，敲一天鐘。

接下來我們上比賽的曲子，小魚彈得更好了。我把譜拿走，她繼續彈，一直彈到最後一頁，她很驚訝自己在不知不覺中已經把它背起來了。

我為她拍手，拿了張貼紙要給她，她謝謝我說上完課再給她，而自己最近練了一首曲子，希望我不會生氣。

「老師怎麼會生氣？別傻了。」我說。

她不好意思地把譜翻到《給愛麗絲》。她看看我，那眼神在等待一個許可，我點點頭，幫她把譜固定好說：「彈給我聽聽看，這首老師很喜歡。」她手擺好，開始了這一首世界名曲。

小魚是怎麼會的，自己練的？真不簡單。這首曲子的A段不難，B段就不好彈了。很多時候學生彈了前面，後面的部分就彈不了了。

小魚的A段彈得很好，她時而看譜，時而看手，身子隨著樂聲擺動，我笑了。雖然她有些錯音，但一點也不刺耳，可能是因為她彈琴的方式吧，那麼地自然享受每一個音符，她都好歡喜地彈出來。

B段來了，我等她停下來說只練到這裡，出乎意料地，她繼續。困難的B段她彈得比較慢些，但她抓得住那活潑喜悅的音樂。一頁頁地下去，C段的低音，咚咚咚咚咚，右手和弦對她不是問題。她雄偉地彈奏著，咚咚咚咚咚咚，如心跳，如小魚展現於我她喜愛音樂的心。我們回到了A段，輕巧的琶音把音樂帶回了最初的悸動，永恆的《給愛麗絲》。

她彈畢轉身看我，有些害羞地。我大聲地拍手告訴她，她彈得很棒。

「你自己練的？」我問。她點點頭。

「我真佩服你。」我說。我求她讓我給她一張貼紙，她說要等下課啊。我們一起改了些錯音和指法，我稱讚她上了一堂很棒的鋼琴課。

「可以給你貼紙了吧。」我問。她說好吧，不過，請我用她帶來的。

她小心地又拿出上次那張動物貼紙，我很困惑地接了過來。「老師，選一張，我可以貼在聯絡簿上。」她說。

這次我看到了，每張貼紙上都印有評語。前面兩排的貼紙寫著：「好棒！」一排得整整齊齊地，顯然小魚沒有得過這評語，再下去印著：「很好。」再下去印著：「加油。」最後一排印著：「多練習。」那一排少了幾張。

頓時我了解了為何上次她接過我選的動物貼紙，只是禮貌性地謝謝我，因為上面印著：「多練習。」

我小心撕下「好棒！」的貼紙給她。她看到，跳了起來說：「我從來沒有得過『好棒！』的貼紙耶。」

我說：「你練得很好啊，比賽的曲子背了起來，自己學了《給愛麗絲》，這不是很棒，是什麼?!」

她開心地把貼紙貼在聯絡簿上。媽媽來接她，她迫不及待地告訴媽媽，她終於拿到了一張「好棒！」的貼紙。

我送她們下樓，回到工作室，彩霞滿天。我倚在陽台欣賞落日，大樓裡點點暈黃的燈光散發出溫暖，我看著遠方的山巒，想著小魚的笑臉，知道那將不會是她唯一一張「好棒！」的貼紙。

天開始下起了小雨，我進工作室，想起了一首舒曼的曲子，翻翻譜找到了《請願的小孩》，下次，我想要彈給小魚聽。

哈囉，老師

漸漸地小咪來上課，不太順利了。

交代的功課學得很好，只是彈的時候，手指不再是乖乖的站崗士兵，也不是睡著了趴在琴鍵上，而是龍飛鳳舞般的東翹西翹。

小咪剪了齊眉的瀏海和一頭長髮，看到我先揮手說：「哈囉！」我笑了，真是個活潑的孩子。

她媽媽幫她把書包卸下來，「哈囉！」她又對我說，我摸摸她的頭說：「哈囉！」

媽媽解釋之前在音樂班的大班課上了一陣子，現在大班課畢業了要來上個別課。

我要小咪坐上鋼琴前，她人小鬼大的說大椅子是小朋友坐的，指指小椅子說，「小椅子是給老師坐的。」

我們打開以前的課本。我看了看，很可愛的教材，大致上比較重節奏的訓練。

我問了小咪音名的唱法，她點點頭說她會Do-Mi-Fa-Sol。

我問Do和Mi之間是不是有錯過了誰？

她想了想說沒有，Do接下去就是Mi。我說好，那我們從Do Re Mi 開始。

小咪媽媽很安靜地坐在一旁看書。小咪小小的手放在鋼琴上，我們從三個音開始，「Do和Mi之間還有一個好朋友叫Re。」

我打開譜，教起《生日舞會》。我們一個音一個音學，一個音一個音唱。

小咪稚氣的童音跟著我，我聽到媽媽也輕輕地哼了起來。

第一堂課我們以Do為主往上學兩個音，再往下學兩個音。小咪要下課前我們再複習，她已經可以朗朗上口Do Re Mi，Do Si La。我叮嚀小咪手型要注意的一些細節，就下課了。

媽媽從書包裡拿出一個信封交給小咪。「來，拿給老師，謝謝她。」小咪不好意思地躲到媽媽的背後，媽媽在她耳邊提醒她，說好要她拿給老師的。

小咪愈躲愈遠，玩起躲貓貓，媽媽只好把她拉出來，兩人一起四隻手把學費交給我，我雙手收下，「謝謝你。」我說。小咪打開門說：「老師拜拜。」

以後小咪來上課，總是大聲地對我說：「哈囉！」我總為這個可愛洪亮的招呼笑了出來。

小咪學得很快，Do Re Mi，Do Si La已經沒有問題了，我們接下來學兩手交替彈的曲子。

她十隻小手指擠在琴鍵上，好像小朋友在排隊。我一一把它們排好，囑咐她手指要站好，不要睡著了。本來塌陷的手指關節在小咪細心的練習之下站得穩穩的，像守衛的士兵。

很快地我們也學了兩手一起彈的曲子，這些曲子在她的腦海中自行組成一個音樂合輯。要是有曲子是Mi開始，她會把以前學過Mi開始的曲子唱一次，要是由Do開始的曲子那更是多了，這時我就得準備好洗耳恭聽，等她全唱完，才肯罷休。

漸漸地小咪來上課，不太順利了。交代的功課學得很好，只是彈的時候，手指不再是乖乖的站崗士兵，也不是睡著了趴在琴鍵上，而是龍飛鳳舞般的東翹西翹。

我告訴小咪再試一次，用很乖的士兵手指。

她顧左右而言他，自顧自地唱起歌來。

小咪媽媽輕輕地叫她，要她專心，但我們好像不存在。

學起新曲子，不是她學不來，而是她會彈彈停停。

上完了辛苦的一課，我和媽媽相對無言。我們有很多的疑問，於是我請媽媽找個時間打電話來好好談談。

我想小咪學了已經快一個學期，她進步很快，而且每次教的東西她都吸收了，只是上課的專注力似乎無法很持續。

她還小，才要上大班，所以我知道她再大一點，她會更成熟。

至於要把課停下來嗎？若小咪上課的情況還是無法改善，或許我們得這樣做了。

小咪媽媽如期打電話來。我告訴她我的想法，整體考量下來，小咪學習的指數很高，上課的表現卻是起起伏伏。小咪媽媽也很頭痛，我們都不希望停掉她的課。

「嘿，我知道了，我們來試試讓她自己來上課，或許她一個人在琴房，沒有你在旁邊，她會把注意力完全放在我身上，如何？」

小咪媽媽帶小咪來上課，也只是坐在一旁看書，但很奇妙的是多了一個人，上課的互動和感覺就不一樣。媽媽說好，我們試試。

小咪再來上課，媽媽送她到門口，她和媽媽說拜拜，轉身就進來。我和小咪媽媽使了一個眼神，我向她點點頭，她笑笑，我轉身把門帶上。

小咪已經把譜拿了出來，很認真地告訴我，上個禮拜的功課她背了哪些曲子。我聽她彈了起來，手指站得如總統府前的憲兵，非常漂亮。給了她兩張貼紙，她開心地貼在譜上。

整堂課下來，小咪的表現可圈可點。我們一起彈新的曲子，一起學新的音符，一起數拍子。她有時告訴我笑話，我們笑完後，她的注意力馬上回到鋼琴上。

上完課，她自己穿起外套，「老師，今天很冷喔，你看我還穿了夾克。」我幫她拉拉領子，她把譜收進書包。

我把帽子拿給她，一個轉身，她雙手把信封呈上說：「謝謝老師。」我接過來，說：「謝謝你。」

媽媽已經等在門外，她滿臉的好奇想知道上得好不好。我不等她問，告訴她小咪上得很好，非常好，她問：「曲子都通過？」我說是。

「新的曲子也專心學？手指有站好？」我說是，非常好。

她接著問：「那學費有給你了嗎？」我說：「雙手送上的。」

媽媽聽了，終於安心地笑了，摸摸小咪的頭說，「你好棒。」小咪已經不耐煩要回家了，「老師拜拜。」

我送走小咪，想著她一個小朋友，一下子就長大了！

只不過讓她自己來上課，她把平常媽媽教的都應用出來，完全獨當一面，不害羞也不扭捏，大方而且有自信。

我想下次她再來上課，一定要來量她的身高，我肯定她一定長高了。

Seventeen Going On Eighteen

彈到她喜歡的地方，她會轉頭大聲地告訴我，「啊，這裡好好聽，好酷，我也好喜歡老爺爺的詮釋。

「……還有這裡，真是太神奇了，我們一個轉調，好像到了不同的世界。

「嘿嘿，這裡是『假的』再現部，對不對？好好玩，還有『假的』這種事，貝多芬真有趣。」

小雨來上鋼琴課，和上一個學生擦身而過，她進到琴房來，看到我有些不安地說：「那個阿寬好像快比我高了。快，再幫我量一次身高。」我大笑。

因為小雨是所有學生裡最高的一個，在琴房牆壁上的身高紀錄裡，小朋友們都得仰望才看得到那個刻度。

「那是誰？」小朋友們會指著問。我說那是一位高二的大姊姊，她不只高，還很酷。他們聽了都會很慎重地點點頭，希望演奏會時可以見到她，更希望有一天會長得和小雨姊姊一樣高。

她以前學過鋼琴，後來停掉了，上高中後想再開始。我們是鄰居，時間地點配合得剛剛好，就開始上課了。

剛來上課時，我們比較不熟。小雨帶了周杰倫的《不能說的祕密》來，我也喜歡周杰倫，便彈起了四手聯彈的曲子。她彈第一鋼琴我彈第二鋼琴，彈完後，我們馬上換位置，她彈第二鋼琴我彈第一鋼琴。我們愈彈愈快，忍不住笑了出來，在笑聲和琴聲中縮短了彼此的距離。

我給了她貝多芬的《月光奏鳴曲》。她的媽媽為了她找來鋼琴家的錄音，幫她灌在iPod裡，她很興奮地告訴我好喜歡這位老爺爺的彈奏，好有感情。

「老爺爺？是哪一位呢？」我問。

看看CD封面上的鋼琴家，才知道是艾弗瑞・布蘭德爾（Alfred Brendel）。

「他的名字太難唸了，所以乾脆稱他為老爺爺，而且他看起來真的很老啊。還有另外一位鋼琴家，我舅舅說要幫我買她的CD，舅舅說她愈老愈胖，我看她有點像《貓》裡面的老貓呢。」她說。

我心想有哪位鋼琴家愈老愈胖嗎？後來才知道小雨說的是鋼琴界裡赫赫有名的瑪莎・阿格麗希（Martha Argerich）。我快快告訴她，不得無禮啊，她可是音樂界的女神啊，不是什麼老貓。

最近我們練起了貝多芬的《暴風雨奏鳴曲》。她非常喜歡第三樂章，如一匹駿馬在風雨中飛馳，跑過平原，跑過溪畔，跑上山坡，最後來到斷崖邊，一片一望無際的海岸線給了一個答案。

「老爺爺全部彈完要九分鐘，而我要十分鐘呢。」她煩惱的說。

我安慰她說老爺爺是知名的鋼琴家，他練習了一輩子啊。我們才練習了幾個禮拜而已，慢慢來。

小雨的樂譜收在一個譜夾裡，上面寫著：「Now playing : Beethoven（現在彈奏／播放的是：貝多芬）」她的背包打開整整齊齊地放置了很多書和收納袋。

我看到舒國治的《理想的下午》，問她喜不喜歡。她說看了書後，立志有一天要親自到斯德哥爾摩走走。

另外一個講義夾厚厚的一疊，她看到就笑了。「老師，這個很好玩。你看，是補習班幫我做的性向測驗。」我們一頁頁的翻，好多的問題與答案，最後幾頁是總結。

「很準呢，他們說交友方面我愛打抱不平，學業方面呢，我不大能專心，但對於喜歡的科目就會很認真。所以，成功的百分比是……」她故作玄虛地翻到最後一頁，斗大的數字映入眼簾：68.20，我們互看了一眼，大笑了起來。

因為這實在是太荒謬了，就以這幾頁的問題，補習班就給了你成功的百分比。我說要是我也做了這測驗，說不定會比她低。

她彈起貝多芬。要開始之前，她很難過地告訴我，她的譜不見了，而我貼在那上面的貼紙也不見了。我把我的譜借給她說：「沒關係，我再給你貼紙。不過誰會要偷這譜呢？這《暴風雨奏鳴曲》又不是什麼簡單的曲子。」小雨聽了笑說她也想不通。

她的暴風雨已經很有暴風雨的氣勢，駿馬快奔，跑得愈來愈快，也愈來愈好。以前手指常打結的地方，也順暢了許多。

小雨說她住校，平常只有週末回家。在學校她註冊了琴房練習，每天晚上在熄燈前有半個小時的時間練琴。高二的功課不算輕鬆，但每個禮拜聽她彈琴，我知道她練得很勤快。

我想鋼琴對她很重要，所以再忙，晚上都會去練琴，雖然才短短的三十分鐘，她很珍惜。即使譜掉了，她還是照樣練習。

「老師，沒有看譜彈，我才知道我其實會背了耶。」她很高興地告訴我。

想起她學這首曲子時，彈到她喜歡的地方，她會轉頭大聲地告訴我，「啊，這裡好好聽，好酷，我也好喜歡老爺爺的詮釋。」「……還有這裡，真是太神奇了，我們一個轉調，好像到了不同的世界。」「嘿嘿，這裡是『假的』再現部，對不對？好好玩，還有『假的』這種事，貝多芬真有趣。」

當然，我阻止過她，不要一邊彈琴一邊講話，但我發現我也滿喜歡聽她的分享。我想貝多芬聽到了，也會為一個高二生欣賞他的音樂，說他很酷，而感到安慰的吧！

要下課了，她把譜收好，把要聽的iPod拿出來。「我要再聽一次老爺爺彈的暴風雨。」禮拜六的下午，她沒得休息，上完鋼琴，她得趕到補習班上課。

我問她有時間吃午飯嗎。她說她想好了，要去吃碗麵，一邊看舒國治的書，一邊聽貝多芬，再去上課。

我送她出門，她輕盈的步態好像在跳舞，而她周遭的空氣好像也在唱著青春之歌。

升學的壓力，小雨扛著，但我知道她有老爺爺的琴聲、有舒國治的書、有周杰倫的歌，而一個理想的下午正等著她。

小白兔老師

姊姊來接她下課，我向她們揮手再見，想到瑞瑞手指著我說：「你。」的那刻，對她來說，是一小步，但對我而言，可是一大步。

話說當時要開部落格取了這個筆名，壓根兒沒有想到有一天會遇到這個問題。接受採訪時，主持人愛問的第一個問題總是為何叫獅子老師，是不是因為很嚴厲。我笑答因為是獅子座的，又是老師，便裝個可愛，叫獅子老師了。

當學生瑞瑞問我為何叫獅子老師時，我開玩笑地和她媽媽演起相聲說，當小朋友沒有練琴時，我就會變成獅子，很可怕的啊。

說完我們大笑，她媽媽接下去說：「所以，我們不要不練琴，不然老師會變獅子……」

「會吃掉小朋友！」我說。

只見我們大人笑得很開心，忘了瑞瑞會怎麼想。

瑞瑞來上第一堂課時，媽媽和姊姊護送。瑞媽媽看過我的部落格和書，也為小朋友介紹過我。

她們來的那一天，早上在家花了很多時間，做了獅子形狀的餅乾送我。我看到的時候，驚訝她們的用心和這麼可愛的禮物。

餅乾發出香味，我無法狠下心把它們吃掉，姊姊解釋尾巴的部分很不好做，烤了以後，掉了下來。

我笑說沒關係，我非常喜歡。

瑞瑞很乖，學得很快，雖然小小年紀，注音符號還不大會認，但我們開始學讀譜後，Do Re Mi Fa Sol La Si 她可以倒背如流。她非常喜歡跳音，彈起有跳音的曲子，特別有感覺。

幾次上課下來，我發現一個現象：瑞瑞上課很專心，五歲的年紀，我上什麼她幾乎是完全吸收，但她其實不太和我說話，我問她問題，她會很簡短地回答我，但要是想知道她最喜歡的顏色，還是她喜歡什麼動物，她會頭低低的，動也不動，不看我也不回答我。

一次姊姊來接她下課，看瑞瑞不大回答我的問題，帶妹妹走後，第一件事就和媽媽報告了。

瑞媽媽也覺得奇怪，因為這孩子一回到家，獅子老師這個獅子老師那個，說個沒完。

她打電話來說，謎底揭曉了。「怎樣？快告訴我。」

媽媽笑了說：「瑞瑞說她很怕獅子，每次上課，就怕你會變獅子，她想只要她不說話，你就不會變獅子了。」

我大叫冤枉。媽媽笑說，「沒辦法，因為我們那次問你為何叫獅子老師，你說小朋友不練琴，你就會變獅子。」

「可是她都有練習，我不會變獅子啊。」我辯解。

她說：「解鈴還須繫鈴人，就看你的了。」

啊，扼腕！

瑞瑞再來上課，我馬上告訴她說，「你猜老師今天變什麼？」

她小心地看我，我說：「我是小白兔老師！」說完，把雙手擺上頭，比兩隻兔耳朵，她看看我，沒有說什麼，我繼續，「我不是獅子老師，記住喔，我是小白兔老師。」

瑞瑞拿出譜，彈起《小步舞曲》。

我發現她比較敢看我了，「凍」住的時間也愈來愈少，看來小白兔變裝這招有效了。

瑞瑞彈完了一本教材，我恭喜她，要為她寫印在譜後面的證書。姊姊來接她，也在旁邊等。我問瑞瑞說要姊姊幫她寫名字，還是要我寫。心裡吶喊著：「選我，選我！」

瑞瑞想都沒想就指著姊姊，姊姊笑得很開心，把我手上的筆拿過去，在有史以來都是我寫學生名字的證書上留下她稚氣的筆跡。

我把筆接過來，問瑞瑞要我簽小白兔老師，還是我的名字，她一副「你自己看著辦吧！」的神情。

我想若真寫上「獅子老師」那我就可以自己請辭了。所以，破天荒地，我簽下：「小白兔老師」。

瑞媽媽和我聊起來，笑得可開心。當然，變裝的不是她。她告訴我，她最近開始唸我的書給她們聽。

她說當瑞瑞聽到我的學生艾克鋼琴彈得比姊姊好時，高興地在屋裡繞圈歡呼。瑞瑞馬上說，她以後也要這樣，姊姊也馬上說，不可能不可能。

她們聽到我大學時，一天練琴的時數長達六小時，都覺得不可思議。

她們問那週末呢？我說，週末更是練琴的好時機，沒有課卡在中間時更好練琴，所以週末練得更久。

我反問瑞媽媽身為一個德國哲學教授，想必在寫博士論文時，一定也更辛苦了。她謙虛地說，那時德國的冬天很冷，在房間裡擺個暖爐，拚命地寫，寫累了就趴在桌上小憩，休息完了再繼續寫，在要完成論文的那一年就是這樣過的。

我說，其實你應該告訴小朋友你的故事。

她說，慢慢來吧，以後她們會知道的。她只是希望孩子可以快樂地成長，找到她們熱愛的事，而且盡其所能地來追求理想。

當瑞瑞又彈完了一本教材。我小心地，害怕受傷地問，「那這次你要誰來簽證書？」

「選我！選我！」我內心又吶喊著。

瑞瑞抬頭看我，手指向我說：「你。」

啊，感謝神。我很冷靜地拿起筆，寫下她的名字。

她頭湊過來看，我再繼續寫我的名字：「小白兔老師」。接下來，我很不死心地用很小的筆跡再寫上：「兼獅子老師」，她看看我，笑了。

姊姊來接她下課，我向她們揮手再見，想到瑞瑞手指著我說：「你。」的那刻，對她來說，是一小步，但對我而言，可是一大步。

這個小小的勝利，有小白兔的溫柔和獅子的勇氣。我珍惜。

We hope kids grow up happily and discover and pursue their passions.
希望孩子可以快樂地成長，找到她們熱愛的事，而且盡其所能地來追求理想。

史蒂芬．金學鋼琴

我聽了他們的試唱帶，非常訝異這樣一群學生的作品不比專業的差。

學期開始，我拿到學院鋼琴大班課的名單看了下去，看到史蒂芬．金（註1）的名字笑了出來，這可不是名作家的名字嗎？

我打開教室的門走了進去，四台鋼琴八個大孩子侷促地擠在椅子上，他們不安地看著我，我向大家自我介紹，也要大家互相認識一下。

我說：「我感到很幸運今天有一位名人也來修鋼琴課——史蒂芬．金！讓我們一起掌聲歡迎他。」

只見一個長髮男孩站了起來，故意揚起下巴向大家揮揮雙手。他說：「謝謝大家，我的下一本一萬多字的小說就要完成了，想出來走走，便選了鋼琴課，大家多多指教。」

他這麼一說，大家都笑了，一下打破了第一堂課的陌生，笑聲縮短了距離。

這一班課滿了，而大班課也不過八個人，小小的教室裡四台鋼琴並排在兩旁，學生背對背地坐著。我告訴他們第一堂課我們從零開始，學讀譜，學手放在鋼琴上，學如何找音符。

這一班學生有說不出的和諧氣氛。男生女生排排坐，大家都是新手，也不怕別人笑，也不怕一起彈。我喜歡問答式的上課，當我講解完一個理論，馬上會要求學生解釋給我聽，其實也不過是重複我說過的話。如果他們說不出來，我就知道我說得不夠清楚，再來一次。

鋼琴大班課是我非常喜歡的一堂課，雖然是學生的選修課，但一個學期下來的成果往往是顯而易見的。

我喜歡在期末要大家翻回教材的第一頁，看看他們是怎樣開始的，而三個月後他們已經可以彈簡單的古典樂曲。

史蒂芬・金學得很好。他上課總是專心地聽講，回答問題也是第一個舉手，雖然剛開始兩手並彈不是很順，但苦練一番也彈得很好了。

期末他來找我想繼續修下去。他說他自己有個樂團，他是低音吉他手。他們自己作曲，也常在餐廳裡演出。他覺得修鋼琴可以幫助他在音樂上更進步。

我很高興地鼓勵他選個別課，也要他表演樂團的曲子來聽聽。說到樂團他的精神就來了：「老師，我們的樂團不是普通的樂團，你聽了可不要笑。」我答應不會的。

「我們幾個好朋友都是基督徒，寫的歌都是以讚美神為出發點。」他說了笑了起來。「很怪，是不？輕搖滾的詩歌。」

我聽了很為他們的創意感到敬佩。要組一個樂團不是簡單的事，分工合作，為同一理念而努力，除了一起創作，還要一起練習，更了不起的是他們從高三組團到現在也三年了。他希望多學些樂理，這樣可以讓他在創作上更能發揮。

他有些不好意思地說：「我們其實明年要灌唱片了，很希望除了低音吉他的獨奏外，我也可以錄一段鋼琴獨奏。」我告訴他這不是不可能的，他說等不及下學期的課了。

有時他來上課，我一開門看到他說：「看是誰大駕光臨——名作家史蒂芬·金！」他看我對此遊戲樂此不疲，倒也沒有對此表現不耐煩過，每次都很合作地揮揮手，揚起下巴謝謝我。

我終於問他，有沒有別的老師也這樣介紹他。

他笑了說：「老師，大家都這樣做。有的老師還要我假裝是那位名作家簽書呢。」那就好，我不是唯一一個無聊人。

他說：「還有一個人，大家也常說我看來很像，你猜是誰？」

他留著一頭長髮和落腮鬍。我說：「耶穌基督！」他說答對了。

我看看他的頭髮，想了一下說：「你會一直留長髮嗎？」他說畢業後去上班做事，就會剪掉了。我說：「希望你不會覺得我多事，我可以建議你把它捐給Locks of Love協會（註2）嗎？那是一個基金會，他們收集頭髮，做成假髮，然後捐給有需要的病童。」他眼睛一亮說，他早就有此打算。

他的樂團愈接近錄音的日子，也看得出他有些心神不寧。他們都不是專業的音樂人，只憑一股愛音樂的熱忱。

我聽了他們的試唱帶，非常訝異這樣一群學生的作品不比專業的差。當然，他們有他們的問題，如他們的主唱高音常會走調，如鼓手有時候會趕拍子，但也是這些過程讓一切更有意義。

我們學的鋼琴曲子也開始有了新的樂趣，他彈《給愛麗絲》的簡易版，學了和弦分析及琶音的彈法，這些對他已不再陌生，我們繼而學起踏板。

記得我學了多年的鋼琴，到了美國，老師說我的踏板沒有學好，音與音之間沒有處理好，會影響到音色，要重新改一個習慣花了我很多時間，因此我更不希望學生沒有學好。所以我教他在彈新的和弦之後再換踏板，還要仔細地聽聲音的回聲與共鳴，踏板才會學得好。

他很興奮地告訴我，他把這些運用到低音吉他上，吉他老師也說他進步了很多。

冬天的腳步漸漸逼近，大雪覆蓋了山谷，蜿蜒的山路變成了白緞帶，開車上學變成了恐怖的任務。

史蒂芬告訴我，他在附近的便利超市打工不能請假，除了上課外，更要顧及工作的職責。剛領了薪水，他馬上幫弟弟買了在雪地專用的輪胎。

「給弟弟？為何不買給你自己？」我問。

他說因為自己上課和上班的地方都不會太遠，弟弟在外州上課，更需要這輪胎。我想做哥哥的考量真的不一樣，也為他這份心意深受感動。

眼看一個學期就要過去了，我們又開始準備期末的鋼琴演奏會。在演奏廳我等大家來到，史蒂芬一出現，大家起鬨，他剪頭髮了！

他比著勝利的手勢說：「Locks of love, lots of love, man!」我知道他把頭髮剪了也捐了出去，我也對他比個勝利的手勢。

吉他老師坐到我身邊，我遞給他節目單，他看到史蒂芬・金的名字說：「我們今天有幸請到名作家來到現場啊！」大家聽了都笑了。

演奏會開始，吉他老師低聲地對我說：「我們的史蒂芬・金比較酷。」我說我完全同意。

註1：史蒂芬・金（Stephen King，一九四七年九月二十一日生），是一位作品多產，屢獲獎項的美國暢銷書作家，編寫過劇本、專欄評論，曾擔任電影導演、製片人以及演員。

註2：www.locksoflove.org 為美國為癌童募髮的機構。台灣的募髮機構為「大觀愛髮媒合中心」，網址：http://www.ta.org.tw

礦工的兒子

我說：「好，不過所有的事情我只幫你找場地和準備曲目，其他部分如邀請函、節目單和茶會你要自己處理。」

我要他負一些責任，才能知道他到底有多認真。

格萊來上鋼琴課，高三的他，體型高大，不明就裡的人常誤以為他是打籃球的。他喜歡的是撞球，上了高中後，看大家風靡足球，也去參加了足球隊。

他爸媽不是很高興，畢竟高三了，考SAT申請大學時間都不夠了，怎麼還有時間打球？

他來上課，才從球場過來。「啊，才打完一場預賽，累死我了。」他說。

我看他一臉的泥巴，問他要不要去洗一洗，他不好意思地說：「你有所不知啊，我比賽坐了一個多小時的冷板凳，也沒有上場，這樣很丟臉耶，所以我趁沒人看到時，趕快抹了一把泥巴，看來才像在足球場上廝殺過。」我聽了大笑。

他從小學就和我學鋼琴，是個非常有才華的孩子，只是沒有勤奮的練習，才華不代表任何意義，再加上他又是男孩子，本來就不愛待在家裡，常常上課前才臨時抱佛腳，草草練一下應付明天的課。但一遇上有演奏會還是比賽，他卯足了勁拚一拚，也得了很多獎。

他爸媽和我都很頭痛，偷偷希望比賽時裁判給他比較低的分數，這樣我們便可以曉以大義地教訓他，要多練琴才會成功等等的，可是就是苦無機會，因為他拿回來的獎一個比一個大。

他告訴我上次學校朝會上表揚了幾個鋼琴學生，他們參加州立大賽拿了很大的獎項。「老師，那獎盃好大，我還沒有拿過那麼大的。」我聽出了言外之意，問他是不是想參加，他不好意思地點點頭。

我說我們可以來試試，但我也告訴他，那個比賽需要準備五首曲子和樂理考試，再加上他有SAT等的畢業考，會不會太多了？

他想了想說，在高中畢業前想拿到那個獎。我說好，那我們一起來準備。

我一年為學生準備兩場鋼琴演奏會和兩個比賽。演奏會大家都要參加，而比賽看他們，我一點也不勉強。

我選的比賽大多需要兩首曲子，不多也不少，這樣我們不必為了比賽而花太多時間來準備，更可以照著學生的程度及進度來進行，不會有太大的壓力。

大型的比賽有的需要五到十首的曲子，學生通常得花很久的時間來準備，常常因此無法學別的曲子，我覺得有些可惜，這樣好像失去了學習的意義。

格萊以前彈過奏鳴曲，我們選了莫札特和貝多芬各兩首，巴哈的平均律一組，蕭邦的夜曲及普羅高菲夫的小曲。除了貝多芬和莫札特，其他都是新的曲子。

暑假時他自己練了些，距離比賽還有三個月，我們計畫複習舊曲子外，一個月內把新的曲子背好，再來的時間可以慢慢來磨，到了比賽的時候，應該就可以上戰場了。格萊眼睛發亮，告訴我那獎盃他拿定了。

舊曲子他沒有什麼問題，新的曲子也照著進度在進行中。我看在眼裡，非常為他高興，為著他終於找到了音樂在他心中的地位，為著他這一次完完全全是自己要爭取的勝利。

我也側面地提醒他這個比賽的報名費不是一筆小數目，所以要謝謝爸爸媽媽，他說他知道。

格萊的爸爸是礦工，長期不在家，週末假日可以回來就算很難得了。媽媽母代父職，非常辛苦。

本來格萊國中畢業後要就近讀公立高中，但他考上了市區的私立高中，以升學率和昂貴的學費著名。他爸媽幾經考慮，還是決定要把他送到私立高中。他沒有讓父母親失望，成績總是維持在前幾名。

他爸爸是個很嚴肅的人，不苟言笑，我看到他總有些害怕。一直記得格萊剛來和我學琴時才十歲，小小的個子，上台演奏前有些緊張，彈琴時表現得不錯，大家給予熱烈的掌聲，他一敬完禮跑回座位，整個人躲進爸爸的臂彎中，好似躲進了避風港。我坐在後面看到了這一幕，覺得好溫馨。

他媽媽人很嬌小，常管不住格萊，唯一的法寶是：「我要告訴你爸爸！等他回來你就知道了。」格萊聽久了也不放在心上，爸爸那麼久才回來一次，而爸爸一回家，聽媽媽數落格萊的那麼多「罪行」，不是罰他禁足，就是不給零用錢。

我每次聽格萊向我抱怨他爸爸，就會想起我的爸爸。

在我國小二年級的時候爸爸到台北受訓，一個禮拜只有週末可以回來看看我們。爸爸一回來，媽媽總是非常高興。我剛看到爸爸回來也是很高興的，但爸爸好像看我不怎麼順眼。

「吃東西嘴巴要閉起來。」「說話不要一開始就是用『啊』這個字。」「要先等爸爸媽媽開始吃飯，你們才可以吃……」我開始認為爸爸不喜歡我，一回家就是教訓我。

後來我長大了，回想起這一段時間，突然懂了，因為爸爸在家的時間不多，所以一回來就覺得焦慮。看著女兒一天天長大，卻無法在一旁教導我們，只好趁有限的時間，希望把一些他認為重要的禮儀和規矩教給我們。

我告訴格萊，他爸爸有多希望自己可以不用去那麼遠的礦坑工作，多希望自己可以去看他踢足球，多希望可以每天聽他彈琴。爸爸雖然嚴格了些，但他有今天的這一切，都要謝謝父母啊。

他揮揮手，想不到我這麼囉嗦，「彈琴彈琴，我們來彈琴。」

我問他蕭邦背得如何了，他說還沒有學完。

上次明明囑咐他要全部學完，好開始背譜的。「沒辦法，學校這個禮拜為我們辦了SAT的講座，連續一個禮拜下來都沒有時間。」

我看看月曆，有點著急，「好，那你下個禮拜一定要背好，這樣我們的進度才不會落後太多。」他答應我。

下個禮拜到了，他沒有來上課，因為足球隊遠征到別州比賽。我一直搞不懂，為何高中的足球比賽需要安排到跨州？他們不過是高中生，這樣一趟行程沒有兩三個小時到不了，一場球賽也要三個小時以上。

我開始著急了，他媽媽打電話來，說只要她提醒他練琴，就發脾氣說都是我們逼他的，他才不在乎什麼獎盃。我們這樣逼迫他，把學鋼琴的樂趣都剝奪了。

「老師，你說句公道話啊，這個比賽從頭到尾都是他提的，這比賽的報名費還是他爸爸加班才湊齊的，他竟然這樣指控我們，情何以堪啊？」我無言了。

他再來上課，蕭邦還是沒有背，其他的曲子更不用說了。

他負氣地說他根本就討厭鋼琴，從來沒有喜歡過鋼琴，都是爸爸媽媽逼的，他不想彈琴了。

「我已經十八歲了，我要為自己而活。」他頭撇向一邊說。

我說：「格萊，你想想，這個比賽是你自己要參加的。你和我學了這麼多年，你也知道我的學生是參加別的比賽，請不要把我和你爸爸媽媽拉進去，我們做的不外是支持你，鼓勵你。你好好想想，時間不多了，我們的進度已經落後了，要參加的話，你得從現在開始每天都很認真地練琴。」

他回家後，那晚打電話告訴我說他不參加了，要我幫他告訴主辦單位。

我其實很失望，並不是因為他不參加了，而是我並不認為他知道他父母有多愛他，有多以他為榮，有多願意為他做任何事，如果他要天上的太陽，我想他們也會去試試的。

這麼多的愛，格萊視而不見，所以我難過，我失望。我希望有一天他長大了，會了解這一切。

而現在我能做的，就是通知大會他不參加了。大會也告訴我，他們無法退費。即使他們可以退費，我想也無法彌補這些。

我告訴格萊，我已經處理完了，幫他通知大會了，他謝謝我。我問他最喜歡的足球隊是哪一隊，他有些困惑地看著我說巨人隊。我說我喜歡舊金山的49人隊，我剛到美國讀書時，他們的四分衛喬・蒙塔納（Joe Montana）正紅，打過四場超級盃，也贏了這四場。

我們又聊到喬的爸爸在鋼鐵工廠做事，有一天要喬和他一起去上班，從到工廠的那一刻起，爸爸開始鏟鐵屑，滾燙的鐵屑只要有一點噴到身體一定會被灼傷，喬看得心驚膽跳，他這才看到爸爸的工作有多辛苦。

下班後，他們回家的路上爸爸問他有什麼心得，他說爸爸上班真是辛苦。爸爸說：「對，沒錯，所以我不要你和我一樣，你要答應我好好讀書。」

「格萊，你還小，你一定無法想像父母有多辛苦，我只求你想想他們給了你多少。」好一會兒我們都沒有說話。

他走到牆上的月曆看日期，「老師，我想要開一場畢業演奏會。」

我的表情一定洩露了我的想法，我沒有說話。「老師，你一定要幫我，你看，我們有巴哈、貝多芬和莫札特了，我再把蕭邦加強一下，就可以辦一場了，不是嗎？」他說得也沒錯，但我怎麼能夠知道他是認真的？

「老師，相信我，我會做給你看。」

我說：「好，不過所有的事情我只幫你找場地和準備曲目，其他部分如邀請函、節目單和茶會你要自己處理。」我要他負一些責任，才能知道他到底有多認真。

他說沒有問題。接下來的日子他沒有缺過課，每首曲子都練得滾瓜爛熟，我們一再排演，上台練習，這次他是來真的。

格萊媽媽打電話來，我們討論的內容不再是格萊，而是演奏會的準備事宜。

在他高中畢業前一個禮拜我們坐在教堂裡，再幾分鐘他就要上台了。格萊媽媽說我是唯一被允許到後台看他的人，我笑了，這小子還真大牌啊。

我到後台看他。他說：「你可以相信嗎？我就要開始我個人的演奏會了。」我說：「我從來沒有懷疑過你。」我抱抱他，「加油。」「好了，我準備好了。」

我出場為他做開場白。「現在，我要為大家介紹我們的驕傲，格萊。請大家鼓掌歡迎他。」

他出場，我走到他媽媽旁邊坐了下來。她捏了捏我的手，「我們的孩子長大了。」她輕聲地說，我點頭說：「是的，我們的孩子長大了。」

稻田捕手

回家後，我躺在沙發上，為這旱天的明星夢難過。你竟來敲門。

「我們再去試一次！我們不是還有練另外一首曲子嗎？來，我們來練練，他們再幾個小時才結束，我們現在趕過去，還來得及。」

我一聽，精神也來了，再戰一次。

看看時間，火車要到站了，我興奮地站起來走到車廂出口，等火車停下。你會是什麼樣子？我好奇。

出了火車，走下樓梯。我四處張望找你的影子，一下子，像是定焦，我找到了你，你笑了，我也笑了。

我們同時說了彼此的名字，像初次見面般，不同的是那時我們才八歲，而現在已經過了好多個年頭。

我走向你，你看進我的眼睛，我知道你在看什麼，你在搜尋看我是否過得好，是否快樂。你看到我眼裡的光，似乎放心了些。

你身邊的高個子硬要擠過來，「小襄，有沒有叫阿姨？」我一看，你的女兒已經比你高了。

我們坐進你的車。小襄剛游完泳喊餓，我們朝餐廳開去，路兩旁蓋滿了高樓大廈，你為我介紹這些大廈，說不是南部人上來當成投資，便是北部人買。

「你也知道我們南部人，從小住慣透天厝，怎麼會習慣住公寓？」我大笑說好像我們都是富裕人家般地只住大房子。你也笑了說，我應該知道你的意思。我說是。

小時候我們兩個在台南的家住得很近。每天你會來我家接我，一起走田埂上學。那時的房子頂多三樓高，稻田過去就是學校，田埂走到盡頭，就是馬路，過條街學校就到了。

我和朋友說起小時候我這樣上學，他們問我那個「年代」實施九年國民教育了沒，你聽了大笑。

那時我們走田埂，一路看農夫工作，從插秧開始。一片水汪汪的稻田，映著點點青綠。它們一點一滴長大，漸漸稻苗有了長長的葉子，漸漸稻子長到跟我們一樣的身高，漸漸我們走進田裡，沒了影子。

我不是很確定一段記憶，小心地問你，「我們是不是在田裡看過瓢蟲？」

你大笑說：「有啊！你不記得了？當稻子長得與我們齊高，就吸引了很多瓢蟲，我們一走進田裡，紅色的瓢蟲就飛了起來，我們常捉了好多隻到學校，賣給同學呢。小隻的五角……」

這時小襄插進來說：「我有看過五角。」我說很好，急急要你再說下去。

你繼續：「……大隻的賣一塊錢，那陣子我們一早就上學，到田裡捉瓢蟲，然後賣給同學。老師進來看到好多瓢蟲飛來飛去，都快氣死了。」

突然，你笑起來。「有一次，你好興奮地跑來告訴我說，你的都賣完了。哈哈哈，那天的生意一定很好。」我們大笑。

「後來，好像熱潮過了，沒什麼人買，我們就沒再捉了。」

我鬆了一口氣。原來，我沒有記錯。

我記得走進稻田裡的驚豔，綠油油的稻葉，上面點點紅色的瓢蟲，那鮮豔顏色的對比，讓我們開心地不知如何是好。

我們一捉牠們，牠們會分泌汁液，黃黃稠稠的，我們也不在意，牠們飛起來，我們伸手去捉。那時我們的制服上常都是瓢蟲黃色汁液的痕跡。

到了餐廳，小襄看著菜單，餓壞了的她反而不知點什麼，你為她點了麵。你說別看小襄這麼高了，其實你覺得她比你五年級時還不成熟，小襄抗議。

你說小襄到目前為止還沒有喜歡的男孩子。我笑說，「啊，小襄，那你太遜了，想當年你媽媽收情書收到手軟啊。」

小襄不以為意，你喝了一口水，笑笑看她。「我很成熟，只是故意裝不成熟。」她揚起下巴說。

五年級的我們，我記得。其實愈長大，你愈是我跟隨的偶像。你也彈鋼琴的，當我去找你時，走到籬笆處，就可以聽到你的琴聲。我總愛從籬笆鑽進你家，到了你的房間你繼續彈著鋼琴，我坐在地板上聽得入神。

你的音色讓我羨慕，圓潤純熟，我怎麼彈也沒有這麼好。

你告訴我你最近在看《音樂辭典》，拿出一本袖珍型的字典，翻了幾頁，煞有其事地唸了「Allegro，快板，Largo，慢板——」我聽了心想等下就去買一本。

暑假我們最愛騎腳踏車到南一書店看書，或騎到成大榕園一圈圈地繞。那時夏天總是過不完，我們也悶得發慌，便開始通信。

我寫好信，騎車到你家，當面交給你後，轉身就跑，要你等我回家再看；你看完後，回好信，再騎車送信來。

舒曼有首曲子叫《兒時情景》，裡面有首小品是「大事件」。每次彈都會想起我們的大事件，當然除了那件事情，還會有哪件？

五燈獎節目有一次來台南舉辦面試，我們初生之犢不畏虎，兩人很努力地練了雙鋼琴，就去報名了。

參賽當天，我們又練了很多次才出發，到了場地，看到班上同學也組了樂團報名。我有些緊張，你說不要怕，我們彈得很好。

我們上台，敬禮，坐下後你點了頭，我們便開始了。我們彈的是卡門組曲，節奏鮮明活潑。

彈完後，我覺得彈得很好，開始做起上電視的白日夢。五燈獎也很快公佈結果，我們沒有被錄取。

騎腳踏車回家時，我傷心地邊騎邊哭，你安慰我這個沒有什麼。

回家後，我躺在沙發上，為這早夭的明星夢難過。你竟來敲門。

「我們再去試一次！我們不是還有練另外一首曲子嗎？來，我們來練練，他們再幾個小時才結束，我們現在趕過去，還來得及。」我一聽，精神也來了，再戰一次。

裁判看到我們，吃驚我們又來了。我們坐好，你給我一個鼓勵的微笑，我們彈起第二首曲子。

在等結果時，我覺得這次一定有希望，結果，五燈獎還是認為我們不夠好。你很怕我再哭，但我沒有太難過，畢竟我們試了。沒有再試，我才會難過吧。

上了國中，老師們不知怎麼知道了我們是死黨，被分在不同班。我還是彈琴，你卻因為功課停掉了。

一直認為你會彈下去，因為你彈得比我好太多，反而是我，一路學，沒有中斷。

彈到《兒時情景》時，看到的是你在彈琴，我們騎著腳踏車，任風吹起我們的短髮。童年如暑假，覺得過不完時，一個不經意就結束了，不再復返。

你說你已經有了老花眼，我不敢相信地問真的嗎。小襄在旁，怕我不相信，學起你看書的樣子。

小襄也彈琴的，但不是很喜歡，她小時候看到譜上有反覆記號，會放聲大哭。

第一次和她見面，她才上幼稚園，知道我是鋼琴老師，一看到我，她不敢動，心想她不動，我就看不到她，也就不會要她彈琴給我聽了。

我問她記不記得，她心有餘悸地點點頭。

時間到了，你送我回火車站。我看著你握著方向盤的手依然修長，腳底踩的不是腳踏車而是油門，載的不是你的夢想，而是小襄的。

小襄愛畫畫，你讓她畫，給她一片好大的天空，任她翱翔。

我知道你把你的翅膀給了她。她無疑地，會飛得更高，因為我看過你飛，你的翅膀也曾經帶過我，飛過了稻田，及我們的童年。

皮卡地終止

我看時間一定會耽誤到下一堂課，也不希望讓下一個小朋友等，於是我打斷小智，但小智像下定了決心，要把整首曲子彈完。

我小心地俯身到小智身邊，低聲地提醒他再五分鐘要下課了，請他彈完這個樂章要停下來，我們好練習一些樂句。

小智繼續彈著，他聽到了我的話，但沒有停下來的意思，小小的身體隨著音樂擺動，莫札特帶他到了另外一個境界。

我知道他不想停下來，但我也很想趁這個機會再和他練習一下中間華彩奏音階的部分。

「小智，可以停了，這個終止式完請停下來。」他停在最後一個和弦，我等了短暫的幾秒後，正準備要開始說話，他彈起第三樂章！

我看時間一定會耽誤到下一堂課，也不希望讓下一個小朋友等，於是我打斷小智，但小智像下定了決心，要把整首曲子彈完。

我邊聽邊看時鐘，聽到門外有聲音，知道下一個學生已經等在那裡。

小智也聽到了，他皺著眉頭，以不成功便成仁的決心，毅然決然繼續向前，要把莫札特彈完。

他一彈完，也不等我說話，火速地跑下鋼琴椅子，還不忘和我敬禮，趕快把譜收好，推門出去穿鞋。

我跟在他後面，忍不住說了：「小智，我們上課就是要求進步，你的奏鳴曲彈得非常好，只是華彩奏的部分我們練習了兩個禮拜，我覺得可以再更好，這次上課想和你好好地練習，教你怎麼練習，但我們沒有時間，我真的希望你下次可以給老師一些時間，好不好？」

小智的爸媽等在門外，聽我這麼說。爸爸問小智有沒有聽話，小智說他的第一首曲子有讓我發表一下意見。

我解釋說聽我說話，和一起練習不一樣，效果也不一樣。小智媽媽告訴我她會和小智溝通，並謝謝我的教學。

他們走後，下一個學生進來，我們開始上課，待我教完了學生，我也出發和妍姊見面，妍姊是我們讀書小組的領導人物，我們約了討論讀書心得。

在咖啡廳裡坐下，她問我好不好，我笑說不是很好，對自己今天的表現不是很滿意。我告訴她我和小智上課的事，覺得我可以處理得更好。

妍姊聽著聽著，眉頭皺了起來。「你還向家長告狀？」我聽了更像個洩氣的皮球，點點頭。

她說：「我教過學生，也當過家教，我覺得老師不一定什麼都要說盡，有時候不說比說好，有時候留白也是一種藝術。你的學生堅持要彈完，你也堅持要講課，兩個誰都不讓誰。你想想，要是你讓一下，不就沒事了嗎？」

我本來想為自己辯護，但看到妍姊的眼神也就安靜了下來。

「教育是長遠的事啊，這一堂課他可以把整首曲子彈完，這是很好的成果，你可以以這個來鼓勵他。而華彩奏可以等下次他來再來改，不是嗎？」

我說：「因為已經幾個禮拜了，我想教他怎麼練習。」

妍姊看看我說：「記住，你有得是時間，羅馬不是一天造成的。你種的是小樹，需要時間和耐心，讓小樹長大。」

我喝了口咖啡，想著妍姊的話，感到非常的罪過。

這不是我一直依循的原則嗎？而現在卻讓別人來提醒我。

妍姊看出我的沮喪，她把蛋糕移到我面前說：「嘿，不要這樣，小朋友忘得很快，我相信小智明天就忘了，你們下次重新開始。相信你會做得很好的。」我說好。

妍姊繼續說：「這個學生聽來很有趣，多告訴我一些吧。」

我笑了，說：「是的，小智喜歡的曲子一定要完整地彈奏，像一首奏鳴曲要是有三個樂章，他一定要全部彈完才覺得是完整的，所以，我也得和他先說好，上課的時間要怎麼分配，不然就會發生今天的事情了。另外他對樂理也特別有興趣，尤其是皮卡地終止。」

妍姊問什麼是皮卡地終止。我說：「皮卡地終止，其實是把小調和弦變為大調和弦，簡而言之就是一首小調的曲子結束在大調上。」

妍姊說：「我懂了，就像陰雨天後出大太陽的晴天。」我笑說對了，就是這樣。

星期天我去做禮拜，聽著台上的牧師講道，想起所羅門王和上帝求的是智慧，我也希望我可以有更多的智慧。想著小智，我禱告起來。

管風琴彈奏著詩歌，管風琴的聲音非常有震撼力，我常覺得那聲響，那透過音箱震動的樂聲，好像真可以抵達天堂。

詩歌是一首6/8拍小調的曲子，我想她會不會以皮卡地終止為結尾，我等著等著，三次的歌詞全唱完了，如天籟般，如被救贖地，她彈出阿—們—，大調堂皇的結尾！我沉浸在震撼世界的樂聲中，大聲地唱著。

我想小智也會喜歡這個皮卡地終止式。它彷彿在告訴我，老師，沒關係，下次我們一起再來過。

那媽媽對我說

媽媽轉向佳佳，輕聲地問：「佳佳，你想彈琴嗎？」佳佳點點頭。

「如果你不想學，那我們就不要浪費老師的時間，你決定。」媽媽溫柔但堅定地看著她說。

第一次看到佳佳，是在簽書會上，我早些到了會場和主編討論事宜的時候。一個小女孩站在我們前面，張著大大的眼睛安靜地看著我們，主編問：「小妹妹，你是來看獅子老師的嗎？」

她沒有說話，主編蹲下來指著我說：「她就是獅子老師，她不會咬人，不要怕。」她抬起頭來看我，眨眨眼睛跑走了，我希望沒有嚇到她。

會場人愈來愈多，我們搬起椅子，爸爸也來了，他看看會場已經沒有坐的位置，困惑地問：「這些人是從哪來的？」

我站到講台開始演講，吃驚地發現那小朋友乖巧地坐在第一排，整場演講安靜地聽我說，有時趴著休息，有時用手遮蓋住一隻眼睛看我。我覺得好玩，但也提醒自己不要分心了。

會後讀者提問，她媽媽問我小朋友常被老師矯正指法，雖然她一直提醒小朋友，但好像效果不彰。我說小朋友的手指還在成長中，這時手指沒有辦法在鋼琴上站好，並不表示以後不會進步，給他們時間和鼓勵，手指會站得愈來愈好。

會後簽書，媽媽帶小朋友來簽書，我稱讚小朋友的表現，媽媽笑了。我問小朋友的名字，她不好意思地說：「佳佳。」

再看到佳佳，她成了我的學生。我問她上什麼班，她說：「中班，暑假後就是大班了。」說完，她站得更挺，彷彿上了大班，會長得更高些。

她個子很小，坐在鋼琴前，眼睛和琴蓋齊高，讀起譜來得引領仰望，要貼張貼紙在譜上，她得用跳的。

「啊，好高，啊，貼錯了，再跳一次，啊，貼歪了。」我看她跳啊跳，也笑壞了。

佳佳很小就開始學琴，先是上團體班，後來媽媽把她轉來和我上個別課。佳佳很會看譜，我問是什麼音，她說ㄉㄡ。我說很好，那我們把ㄉㄡ寫上。她說還不會ㄅㄆㄇㄈ。

我吃了一驚，指了譜上的音符，她一一認出：「這是ㄉㄡ，這是ㄖㄨㄟ……」我覺得有趣極了，在她的小腦袋裡，這些音名還沒有符號，但她可以解碼。

她認音符，知道它們的音名，對她而言，這是另外一種語言，發出來的聲音，如小鳥的歌聲。她知道密碼，也懂小鳥們在唱什麼。

我們比較熟了以後，佳佳上課喜歡說笑話，其實，小朋友的笑話通常是他們還沒有開始說，自己就笑倒了。我看小人兒急著要告訴我，卻自己先笑場，總覺得好玩。

我讓她笑夠了，再要她彈琴。她彈得真是不錯，而且也很熟練，只是太熟了，她要嘗試新的彈法；站著彈，背對著鋼琴彈，一邊跳一邊彈。

我讓她自由發揮，因為她對曲子夠熟練了，才有辦法想出這些方法。但是等我們要學新的曲子，她的精力用得差不多了，不大能專心，只想再玩。

幾次的課下來，佳佳學新曲子漸漸吃力，進度沒有剛開始的好。

一次媽媽來接佳佳時，我想該是和媽媽談談的時候了。

我告訴媽媽佳佳的上課狀況不是很好，媽媽看著佳佳細聲地問：「上課沒有專心啊？」佳佳沒有點頭也沒有搖頭，看別的地方。

我不忍心在她面前說剛才上課的情況，想起幾次和媽媽通信時我們是用英文，我便對她說起英文，我想這樣佳佳聽不懂，比較不會傷她的心。

媽媽很專心地聽了一下子，馬上打斷我說：「老師，請用中文說，我要佳佳知道她上課的表現可以怎樣再進步。」

我馬上改口，心裡非常佩服佳佳媽媽，也謝謝她即時糾正我。

我怎麼會認為用英文說，就不會傷害到佳佳？她就坐在旁邊，這麼聰明的小孩也知道老師不滿意她的上課情況。

我婉轉地告訴媽媽，佳佳上課可以學得更好，因為她是個很聰明的小孩。

媽媽轉向佳佳，輕聲地問：「佳佳，你想彈琴嗎？」佳佳點點頭。

「如果你不想學，那我們就不要浪費老師的時間，你決定。」媽媽溫柔但堅定地看著她說。

她小聲地說要，「好，那你要表現得更好才行，好嗎？」佳佳點頭。

媽媽謝謝我和她溝通，我謝謝她，讓我學到更尊重小朋友。

事後，我有些擔心佳佳不會想再來上課。

當她再出現於琴房時，我開心地去開門，「老師好！」小小的個子，大聲地向我問好，我笑了。

這樣一聲洪亮的問候，讓我覺得當老師真的是最幸福的一件事了。

媽媽抱著佳佳的妹妹和我們說再見，她叮嚀佳佳好好上課，佳佳給媽媽一個充滿自信的微笑。

她果真長大了不少，上課時很專心，學得很好。我給她笑臉貼紙，她指著一張貼紙說這像妹妹，我笑了，給了她一張「妹妹」貼紙。

媽媽和妹妹來接她，妹妹進到教室，看到我拿著佳佳的琴袋，馬上過來把屬於姊姊的東西拖了過去。說拖，是因為一歲多的她根本拿不動。

佳佳笑了，說妹妹好可愛，她過去抱住妹妹。她說妹妹長得很像她小時候，「超像的。」還告訴我，媽媽好辛苦，帶她來上課。她存了些錢，以後爸爸媽媽老了要養他們。

我開玩笑地問，那老師呢？要不要養老師？她搖頭說沒有，她的退休金計畫裡沒有我。

要過年了，新年除夕佳佳媽媽取消了琴課，怕車子太多會趕不上上課，我說沒關係。

佳佳晚些時候竟然打了電話來給我，「老師，媽媽不讓我去上課，說太多人，怕H1N1。」我笑說沒關係的。

她說：「老師，祝你跨年快樂。」我謝謝她，告訴她老師要熬夜看煙火呢。「要照相給我看喔。」

我掛上電話，走出琴房，在陽台上俯瞰台北夜景，一望無際，再幾個小時就要跨年了。

我看著前方的101大樓，回顧這一年的教學，想起佳佳的媽媽，她的話語如一盞小燈，帶給我溫暖，更給了我方向。

新的一年，我知道該怎麼走了。

鞋子

「你這段還沒有背好，這樣上台一定會忘的！你再彈一次給我聽。」

「不要不要。」小吉米琴蓋一關跑上樓，啪地一聲把房門關上。

吉米上了一天的班，雖然很累了，但車子開出停車場，方向盤一打，上了高速公路就往Mall的方向開去。

明天兒子小吉米要參加鋼琴比賽，太太妮娜不是很在意孩子要穿什麼，只是盯著小吉米練琴，倒是他看不下小吉米就那雙球鞋。

自從上了三年級開始打籃球，妮娜買了Nike的球鞋給小吉米後，他上學也穿，打球也穿，喜歡得不得了，也不是沒有別的鞋子。

吉米想明天上台比賽小吉米該穿正式一些。他在鞋店選了雙亮皮的黑色鞋子，閃閃亮亮的，他想小吉米穿上這鞋子走上台演奏一定很神氣。接著他把鞋子拿給櫃檯小姐，小姐接過去笑說：「給小朋友的嗎？好可愛。」

吉米的童年過得很快樂，雖然物質上沒有小吉米來得豐裕，只有新年才有新衣服和鞋子可穿，但從不覺得匱乏。

看小吉米一個人的房間，他和妮娜還特別佈置了棒球場場景，牆壁被單都是棒球圖案，衣櫃打開，滿滿是衣服，「好命的小孩啊。」吉米想，但臉上不自覺地微笑起來。

回到家，正興高采烈地要把鞋子拿給小吉米，打開門就聽到小吉米和妮娜在大吵：「我不要再彈了！已經練習一整天了，可以了啦，要練習你自己來練習。」小吉米對媽媽大喊。

「小吉米不可以這樣對媽媽說話。」他走過去看到小吉米正哭得一把鼻涕一把淚，媽媽妮娜手上一本譜，畫得亂七八糟。

「你這段還沒有背好，這樣上台一定會忘的！你再彈一次給我聽。」

「不要不要。」小吉米琴蓋一關跑上樓，啪地一聲把房門關上。

妮娜看到吉米手上的鞋子，無力地對他笑笑，把鞋子拿過去看看說：「好可愛，你想得真周到。」

她把它們擺在門口，把比賽的東西也收好，譜擺在鋼琴上。她想或許明天趁出發前小吉米會再彈幾次。

在鋼琴比賽現場，放眼望去，大人比小孩的人數還多，一個小孩有兩三位家長或長輩陪同。小吉米早上非常不願意地穿上新鞋子，雖然合腳，但新鞋子總是怎麼穿怎麼怪，走路時還發出聲音，讓他覺得很不好意思。

「媽媽，我不要穿這鞋子，我要穿球鞋。」妮娜安撫他說這樣穿非常帥呢。

「可是走路起來好怪，等下踩踏板我怕不好踩。」妮娜沒有聽他說，一直在注意上台的順序，怕錯過了。

吉米和妮娜在觀眾席上坐定，吉米把錄影機架好，兒子的鋼琴比賽他怎能錯過？定焦放大定格，好了，小吉米要上台了。「現在讓我們歡迎七號小朋友上台。」小吉米很緊張地走上台，對裁判敬禮，走到鋼琴前坐了下來。

他挪挪椅子，把右腳輕踩上踏板，鞋子發出怪聲響。他皺皺眉頭，再試試踩踩踏板，那聲音連裁判都聽到了。

他急了，乾脆把鞋子踢下，就一隻白襪子踩在踏板上。「好了，沒有怪聲音了。」小吉米心想，他終於可以開始彈了。

在裁判休息室裡，范教授把瑪雅留了下來。

「你可以告訴我為何這樣評七號小朋友嗎？」

瑪雅看著評分表，一邊唸了出來：「小朋友，你彈得真好，非常有音樂性，而且技巧純熟。雖然背譜上有些地方可以再加強，但整體說來是很成功的演奏。」

她唸完問范教授：「有何不妥嗎？」

他說：「不是這裡，你的註解為何這樣寫？」

她讀下去：「最後，小朋友，下次建議你穿鞋子踩踏板。」

她笑了，想起那個小朋友把鞋子踢開，就穿著襪子踩踏板彈起了鋼琴。

「瑪雅老師，我並不覺得這有什麼好笑的，你為何這樣寫？這和鋼琴演奏沒有關係。」

瑪雅回答：「喔，是嗎？我覺得有些關係呢。我們在台上的所有一舉一動，包括我們的服裝都是演奏的一部分，我們也都是如此教學生的，不是嗎？現在的孩子都穿得太隨便了，到哪裡都是牛仔褲和運動衣，這也是上台的禮儀啊。」

范教授馬上接下去：「瑪雅老師，你也不過三十歲，說起道理來好像七十歲的老太太。我問你，你有因為七號脫了鞋子而扣他的分數嗎？」她說沒有。

「好，那請你把它擦掉。」范教授把橡皮擦拿給她。

她不可思議地看著范教授。

他解釋：「我們音樂系辦這個活動是要鼓勵小朋友，讓他們可以藉此上台的機會得到很好的經驗。我不覺得你的建議有什麼必要性，所以請你把它擦掉，好嗎？我們還要頒獎。」

「為什麼分數那麼久都還沒有出來？」吉米心中嘀咕著，大家都等在走廊上，一堆人擠著要看成績。

小吉米已經覺得無聊，跑到停車場和朋友玩了起來，當然，他已經把鞋子脫下換球鞋了。妮娜怪吉米沒事幹嘛去買新鞋子，吉米覺得一番好意完全不被兒子和太太接受，摸摸鼻子沒有再說什麼。

想到當他們在台下，看到小吉米在台上把鞋子踢了下來，差點沒有昏死過去，吉米拿錄影機的手還一度抖了起來，是氣急攻心還是緊張，他已經不想去回想了。

「除了他沒有穿鞋子外，我們的兒子彈得還不錯呢。」吉米說。

妮娜不滿地說：「要是他有聽我的話，再多練習幾次，中間的部分就不會忘譜了。」成績出來了，大家一窩蜂地湧上。

「小吉米得到優等呢！」吉米拉著妮娜看成績單，妮娜開心地握緊吉米的手。

他們走出會場，在停車場找到了小吉米。「嘿，兒子，你得到優等呢！」小吉米聽了很高興地跑到他們身邊。

「真的嗎？媽咪，所以你看嘛，我忘譜也沒有什麼影響啊。我們可以去打球了嗎？」

「好，叫爸比先帶我們去麥當勞吃午餐，再去公園打球。」妮娜摸摸小吉米的頭說。

「耶！」小吉米戴上棒球帽，在後座找棒球，看到那雙新鞋子，他吐吐舌頭，把它們丟到後車廂，不想再看到它們了。

He picked out a pair of shiny black leather shoes.
He smiled as he imagined how proud little Jimmy would be wearing them.
他在鞋店選了雙亮皮的黑色鞋子，閃閃亮亮的，
他想小吉米穿上這鞋子走上台演奏一定很神氣。

我是唯一

我這樣到了國小三年級，有一天就開竅了！突然之間，我就聽得懂老師在說什麼了，功課也會了。原來我不是不會，只是還不想去開始了解。

予芳是個很有主見的學生，我想這是應該的，年紀輕輕就已是高階的工程師，她很知道她要什麼。

第一次來上課告訴我找老師一陣子了，研究我好些時候，終於決定要和我學琴，還先買了鋼琴。

我們很快進入狀況，雖是初學，但以她工程師精益求精的精神，學得又好又快。

大人學生要進步真的不是那麼地容易，通常在一天繁忙的工作後，還要提起精神練琴，沒有毅力還真做不到，也做不久。

學了幾個月以後，予芳開始和我比較熟了，也會聊聊一些自己的事。她對我說她特別喜歡我寫過的一個小故事〈你是唯一〉，覺得特別有感觸，我問是不是小時候被班上的同學排擠過，所以有同感。

她說倒也不是，不過她沒有接下去多說，我就沒多問。

通常她來上課時總會早些時候到，她先在外面的陽台上等，看到我先笑開，手上兩杯咖啡，一杯要給我，我謝謝她的咖啡。而有時也和她一起看看遠方的山和前方的廣場。

她不說話時有些嚴肅有些悲傷，但笑開時像朵瑪格麗特般地可愛。

漸漸我知道她爸爸不久前過世了，雖然還不需要她擔起家計，但家裡的感覺不再一樣，她很想念她的爸爸。

看我寫小朋友的故事，告訴我其實她讀遍了坊間教養類的書。

我有些訝異，因為她雖有男朋友，但還沒有結婚的打算，也沒有小孩，怎麼會對教養類的書有興趣？

她看到我眼中的驚訝，微笑低下頭像在思考什麼似的，再抬起頭說：「你知道嗎？其實我在書裡想找一些東西，想看這些專家學者們怎麼看自閉症的小孩。因為我覺得我是，又覺得不是……小時候常聽到大人們這樣說我，本來不認為他們在說我，但當老師們也如此對我指指點點，才知道或許這個字眼不是很好。」

「我與別人不同嗎？我不覺得，只是覺得上課很無趣，每天被爸媽叫醒，匆匆吃完早餐，爸爸會帶我去上學，他再去上工。爸爸不識字，很擔心我的課業。其實也不是我不會，只是覺得聽老師講課，一點意思都沒有。同學們也很少和我玩，下課就自己畫畫，等放學就回家了。我不知道上課上什麼，也就不知道功課要寫什麼，爸爸非常擔心。」

「他下了工回到家，第一件事是帶我到隔壁的同學家問功課是什麼，她就告訴我爸爸作業本要寫什麼寫幾頁。爸爸很認真地聽，回家後盯我寫滿那幾頁。我就亂寫，反正有寫就好了。」

我聽得很仔細，迫不及待要知道後來她怎麼當到工程師。

我想要標籤一個人太簡單了，只要人們張口說了算。

予芳停了下來沒有聲音，我把咖啡遞給她。

她笑笑接了過去：「老師，你知道嗎？我這樣到了國小三年級，有一天就開竅了！突然之間，我就聽得懂老師在說什麼了，功課也會了，原來我不是不會，只是還不想去開始了解。看了這麼多教養的書，沒有人提到這樣的例子，而那些自閉症專家學者的理論和治療看得我頭痛。」

「我開始懷疑小學老師說的甚至不是真的，我或許不是自閉症。爸爸看我會自己寫功課，剛開始還很擔心我亂寫，後來聽老師說我進步很多，也放心了。現在常想起爸爸那時帶我去同學家問功課的情景……」予芳轉過頭，沒有說完。

我們安靜的坐在鋼琴前面，遠方隱隱聽到小學放學的鐘聲。我依稀看到小予芳被爸爸帶到同學的家問功課，眼睛也模糊了起來。

「所以，你是唯一啊。」我說。

她想了想說：「我真的是。」

我拿起咖啡杯做了乾杯的樣子，她笑了，也拿起她的杯子同我乾杯。

「Cheers！」我說，她接下去：「我們，都是唯一。」

橫看成嶺側成峰

評審們看到的只是五分鐘的佳宇，而我看到的是她一路的努力。

佳宇是個小三生，小小的個子綁著兩條小辮子，鼻端上架著一副大眼鏡，很可愛。媽媽介紹我給佳宇認識，她很害羞地說聲老師好，頭一低眼鏡也滑了下來。媽媽在她來上課前，已經和我通過幾次信。

她從一年級開始學琴，至今第三年，而我已經是她的第五個老師，因為爸爸工作的關係，他們常搬家，每換一個城市就換了一個老師，媽媽擔心她學習進度，總覺得每換一個老師又重新開始，好像進步得很慢。

我聽佳宇彈琴，也發現了一些問題。

她個子比較小，手也比一般小朋友小很多。她彈得很好，也頗具音樂性，問題出在她彈的曲子太大，很多地方她需要特別伸張她的手，當她彈八度時有些吃力，為了八度，很多音樂性上的東西都沒辦法做。

我想我們換曲子來彈，會是很好的第一步，很多曲子不需要八度，那我們更可以在音樂性上加強了。佳宇聽了不是很同意。

因為她參加過很多比賽，知道什麼是「大曲子」。

聽到我給的功課，她很吃驚。「老師，這些都太簡單了，我要彈別的曲子。」

我指著譜說：「這怎麼會簡單？你看這麼多半音音階又上又下的，有得練喔！還有你看這兒，這麼多琶音，哇，嚇死人。」她聽我這麼說，又翻譜到下一頁看到滿滿的音符，她才鬆了一口氣，說好，她會試試看。

她學一首曲子非常快，我稱讚她。她推推眼鏡，很得意地告訴我因為她很愛看書，所以看譜也很快。

我說對，你讀愈多會看愈快。

她接著和我分享她最近在讀波西傑克森的作品。「比《哈利波特》好看。」她說。當然，這要我一個哈利迷同意真的是很難，我只能說我也得讀讀才能決定。

也因為看譜快，錯音也容易多，再加上彈音階和琶音的指法一定要固定，不然每次都用不同的指法彈，會很容易手打結。而這些指法更是記憶的鑰匙，指法錯了，就無法彈得順，指法對了，再難的音階琶音一次搞定。

佳宇當然知道她的指法常隨心情而改變，我提醒了很多次。她皺皺眉頭，說：「可是你看我可以彈這麼快，就不需要照指法了。」

我想我們何嘗不是如此？爸媽一直提醒我們不要這樣做，不要那樣做，被說了很多次後，我們充耳不聞，後來，有一天我們遇到問題了，馬上想到了以前被提醒了幾百次的事情，果真如爸媽說的。那吃虧的是誰呢？可是，我們不也都這樣繞了一圈才得到教訓？

終於上了一個學期後，我和佳宇的磨合愈來愈好，她比較信任我了，也喜歡我給的功課。暑假她出國玩，我一直到了八月底才又看到她。她把頭髮剪了，也配了隱形眼鏡，要升上小四了。

她來上課，很興奮地告訴我學校有樂隊，她想去考鋼琴手。我說沒問題，我們來準備，她說她已經去考了，彈我們學期末學的奏鳴曲。

我心中暗暗吃驚，因為那首曲子還不是很純熟，指法有些地方還要改，但我相信以佳宇的個性，她會把它練好才去考。她說她很期待放榜，因為她真的很想要進樂隊。

隔天我收到一封信，是佳宇學校寄來的，我打開一看是通知函，告訴我我的鋼琴學生考上了樂隊。

「恭喜佳宇小朋友錄取了學校樂隊的鋼琴手。附上評審們對佳宇鋼琴的評語：音樂性整體說來，可看出她很有自信。但細聽，她的音樂其實很多需要改進的地方，如指法亂七八糟，琶音的手型也非常不穩，一聽就知道這個孩子的鋼琴基礎打得不好。以後在樂隊裡可能會有困難，但大致上來說，還不錯。」

失望，難過，沮喪。我想了很久很久，信在手上被我捏得都不成形了。

本來比賽甄試就是如此，他們看到的就是呈現在他們面前的那幾分鐘。我想到佳宇剛來和我上課的情景和我爭論要學大曲子，想到她皺眉頭一個音一個音地改指法，想到我們這樣一路背後的辛苦，他們沒有看到，而這樣幾句話輕易地把我們擊倒。

我不懂的是他們錄取了她，卻又寫這麼嚴苛的評語，為什麼？

難道這個小小年紀四年級的小朋友一點優點都沒有？都不值得提嗎？寫一兩句稱讚的話語有這麼難嗎？要是她真的彈得這麼糟，為何錄取她呢？

我有太多太多的疑問，而手上的信紙有了不可承受的重量。

和朋友提及這件事，為何評審寫的都是負面的評語。我很希望他們可以優點和缺點都寫，這樣小朋友可以從中得到肯定，也可以進步。

她想了想說：「我們沒有權利要求別人只對我們說好聽的話，別人也沒有這個義務這樣做，但我們可以做到的是在負面的評論裡知道什麼是我們的弱點而求進步。把情緒放在一邊，繼續往前走，繼續教導你的學生，因為她的進步和努力你知道，這不就夠了？」

我知道她說得沒錯，只是要把情緒放一邊做起來真不容易。我告訴佳宇她錄取了，她很開心，告訴我她等不及開學可以練樂隊了。我也告訴她樂隊的東西，如果她需要幫忙，我會幫她的，她說好。

而那封信像一片小小的烏雲，在我的心上飄著。

和朋友惟惟一起練習雙鋼琴時，她問我怎麼了，看來不是很快樂的樣子，便告訴她這件事。我聳聳肩說：「其實，我只是不懂為何他們給這樣的評語，我不懂。」

惟惟聽完，說：「獅子，我知道為什麼。」我一聽，要她趕快告訴我。

「他們，是用一套音樂體制來評定佳宇，而你，是用佳宇的能力來看佳宇。當然不同，也一定不會一樣。」

慢慢地，烏雲散去，陰影也消失。

惟惟說：「你一直告訴學生，他們是唯一，你忘了，你自己也是唯一。」

是的，我忘了。我忘了那只是幾位評審的評語，他們看到的只是五分鐘的佳宇，而我看到的是她一路的努力。所以，佳宇對我而言，不是那個「指法亂七八糟」的佳宇，她是我「等不及要練樂隊」的佳宇。

橫看成嶺側成峰，而我這時也輕舟已過萬重山。

爸爸的來信

看看時鐘，八點。我知道我要彈什麼——巴哈的《C大調前奏曲》。為你，提姆。

星期二的晚上八點，我習慣性地等起貝爾，才想起他已經不學琴了。我輕嘆口氣，關上琴房的門，結束一天的教學。我打開抽屜，拿起貝爾寫給我的信，讀了起來。

「獅子老師：

你好，很抱歉之前缺了幾堂課。在我們這個小社區裡，我和太太莉莉都很敬重你，所以我想提姆也會喜歡你的。」

我記得提姆，他是貝爾第一任太太的兒子，貝爾和莉莉也有個小孩，叫亞烈，算是提姆的弟弟，提姆曾帶亞烈來上過課，很有大哥的樣子，他客氣的叫我老師。

亞烈三年級，小小的個子，看得出對鋼琴不是很有興趣，莉莉很執意的要亞烈來上鋼琴。亞烈完全是應付似的，學琴雖不至於痛苦，但也談不上享受。

莉莉來接亞烈，總是一副很抱歉的樣子，說亞烈不練琴，但她知道亞烈很有音樂的天分。

我其實也知道亞烈很有天分。他不常練習，但只要好好和我坐在鋼琴前練習，幾首新曲子馬上就有了樣子，只是一個禮拜後再來，我們得再從頭來。

莉莉終於看不下了，說她要學琴。她一直後悔小時候沒有好好練習，看亞烈這樣，還不如自己來比較快。我聽她這麼說，很開心地歡迎她。

莉莉以前學過，所以我們從中級程度的曲子開始。她喜歡彈琴，上了一天班後，開始發現她的夢想在實行上有些困難，一首曲子沒有練習，一個禮拜以後不只不會前進，還後退了。

莉莉練了一陣子後，正要放棄時，貝爾看他們兩個學得這樣，不懂為何這麼一件美事，太太和孩子避之唯恐不及，於是他也加入了上課的行列。

他說我們貝爾家要是再沒有人好好學琴，他真的會很慚愧，他們一家人就無法在我面前抬起頭。

我大笑，同樣欣喜的歡迎他。心想一家三口學琴，這倒是頭一遭啊。

貝爾是三人中音樂背景最弱的，他沒有上過任何個別課，沒有摸過鋼琴，完全由零開始。

我們用亞烈彈過大本的譜，音符有一顆紅豆那麼大。他學得認真，譜上童稚的插圖他一點也不介意，不過他也問我，何時可以開始彈沒有插畫的譜。

貝爾是律師，平時都很忙，只能排一天中最晚的課給他。

他練得很勤，有時因為忙，練得比較少，但一年下來，我驚訝他沒有停頓過，而我們也晉級到第二冊教材。我總提醒他我們的第一堂課，他如何學找中央Do在哪裡，而現在他可以兩手一起彈。

莉莉和亞烈對爸爸的恆心非常佩服，知道爸爸比他們有毅力，也對他稱許有加。貝爾告訴我，他彈琴時，莉莉會泡杯茶，坐在旁邊欣賞，而亞烈有時也會拿起吉他，和他一起合奏。

我想像那景象，覺得非常美好。音樂理當如此，獨樂樂不如眾樂樂，更何況是全家樂。

後來，貝爾的律師事務所在鄰州開了業，他是負責人，一天通車下來，往返要兩個小時。他來上課，可以看出他的疲憊，但準八點，他總是西裝筆挺地出現在琴房。即使有時候因為太忙得取消鋼琴課，但他一路這樣學來，漸入佳境。

我們開始彈起巴哈，我找了巴哈的《C大調前奏曲》，他視奏彈了起來，整首彈完，我深受感動。

他推推眼鏡，不敢相信自己竟然可以完全不用我的幫忙，就彈完一首曲子。

我說：「貝爾，這全都是你自己的功勞，我不過是在你不會時幫你一下，其他的部分，都是你自己做到的。兩年來你沒有停止過學習，雖然有時你忙，你從來沒有放棄過鋼琴，所以鋼琴如此回報你。」貝爾說他知道要送什麼給莉莉當生日禮物了。

「這首曲子讓我想起莉莉，很溫暖，也讓我想起提姆。其實他們很像，總是為別人著想。」

他也常提起他的兩個孩子，提姆和亞烈。提姆比亞烈大很多，已經上大學，但也常常來看他，和亞烈玩。

貝爾告訴我他在十六歲時就決定從此不再依靠父母，自己打工養活自己，也不是父母不養他，只是覺得自己已經長大，應該獨立了。

我聽得入迷，想這麼有意義的故事，他一定要告訴提姆和亞烈。他笑了說：「相信我，他們已經聽到不想聽了。」

一天他沒有來上課，這不像他的作風，不管怎樣，貝爾一定會寫電子郵件還是打電話告知。

第二個禮拜貝爾又沒有來，我覺得不大對，打電話、寫電子郵件他都沒有回覆。

到了第三個禮拜，我收到了他的信，鼓鼓的一個信封，我疑惑的打開了信。

「獅子老師：

你好，很抱歉之前缺了幾堂課。在我們這個小社區裡，我和莉莉都很敬重你，所以我想提姆也會喜歡你的。你若認識提姆，你應會喜歡他，他是個好孩子。我想我目前無法學琴了，謝謝你這些年來的教導。

誠摯的，貝爾上」

我從信封裡倒出一份折好的像是教會禮拜的節目單。打開一看，是提姆的追思禮拜。

上面印著：「我們的孩子提姆，於這個日子離開了我們。我們將會永遠記得你，永遠愛你。」

我跌坐在椅子上，深深地自責起來。

小鎮的報紙我很少讀，更別說訃聞了。原來提姆走了，怎麼會這樣？這樣一個年輕人，怎麼去的？

我看看時間，那正是貝爾該來上課的前一天。我竟渾然不覺，我去買了一張追思卡片，趕快寫了寄去。

「貝爾：

我很難過知道這個消息，希望我能為你們做些什麼。我相信我會喜歡提姆的，他曾帶亞烈來上過課，是個好哥哥。希望有一天你會再彈鋼琴，不是現在的話，未來也好。

誠懇的，獅子老師」

禮拜二的晚上，我總會不自覺地想起貝爾，我想他真的是我大人學生的一個指標。

看看時鐘，八點。我知道我要彈什麼——巴哈的《C大調前奏曲》。為你，提姆。我知道我若認識你，我會喜歡你。

蝸牛與青鳥

「我這孩子以後要當醫生的，謝謝你們的鼓勵與支持，請不要再為她安排任何音樂活動了，我們要開始來準備SAT。」

瑪麗安從我的琴房消失了，在學校也聽不到她的琴聲。

週末時到台中參加一個講習。主辦單位非常有心，節目一個比一個精采，上半場休息時，有個媽媽來認我。「獅子老師嗎？你好，我是你的讀者。」在昏暗的燈光裡，我向她點頭微笑。

她說很喜歡我的書，特地來謝謝我。我謝謝她的鼓勵與支持。

她看看我，有些遲疑地想了一下，像下了決心般地說：「老師，我的兒子很喜歡彈琴，但很多人知道他讀音樂班時告訴我說，男孩子彈什麼鋼琴，將來會沒有工作……」

我瞪大眼睛，他們可聽過貝多芬、莫札特、郎朗，還是周杰倫？

「我孩子很喜歡音樂。」媽媽的眼睛亮了起來，昏暗的走道頓時有了一些光彩。

「他四歲時就要求我帶他去學琴，音樂教室的團體課上了一陣子，覺得不夠，就開始上個別課。他很喜歡彈琴，我從來不需要督促他，反而要提醒他睡覺的時間到了。上小學後，就考上了音樂班，他讀得很開心，告訴我以後要到歐洲留學，要到音樂之都維也納，看看音樂家朝聖的地方。」

「我們家中總是充滿了琴聲，他這麼小就已經知道自己要做什麼了。只是親戚朋友們一聽到他是音樂班，又是男孩子，總是一而再再而三地告訴我們，讀音樂以後沒出路，鋼琴小時候學一學就好，不需要當專業，才不會餓死。」

她說完，我可以感受到這媽媽一路的心酸與辛苦。

我想起我的學生瑪麗安，她很喜歡拉小提琴，從小就學了，鋼琴也彈得很好，學校老師常推薦她參加比賽或表演。

小時候還好，等她大了些，高中時她的爸爸出面阻止所有的音樂活動。

「我這孩子以後要當醫生的，謝謝你們的鼓勵與支持，請不要再為她安排任何音樂活動了，我們要開始來準備SAT。」

瑪麗安從我的琴房消失了，在學校也聽不到她的琴聲。雖然我們幾個老師都感到很惋惜，但畢竟我們不是她的父母。

後來，瑪麗安考上了常春藤名校的醫學院預科。

她寫信來告訴我，學校功課很重，但她還應付得來。在學校她找到了琴房，有空時會溜進去彈彈琴。她還找到了老師學小提琴，爸爸不讓她帶小提琴去學校，她偷偷地帶去。

「每次敲老師琴房的門，就好像在敲音樂之門。我聽到自己的敲門聲，總會不禁微微地顫抖。」她寫著。

她很爭氣地讀完了大學部，畢業後聽說她沒有繼續讀下去，而去了中東參加了和平部隊（Peace Corps），帶著她的小提琴。

我也想起《交響情人夢》裡的女主角野田妹，她最大的心願是當幼稚園老師。她每次要上鋼琴課前，要老師和她一起彈暖身歌。「是我特地為小朋友作的！」她興奮地說。她每次說到她的夢想，眼睛發亮全身發光，彈莫札特都沒有彈暖身歌來得快樂。

學校老師同學們每每聽到她的夢想都皺眉，直接跳過她的理想，要她參加鋼琴比賽。而家人對她讀音樂系，則慶幸有學校要收野田妹，鋼琴組也好。

我當年要報考五專的音樂科時，國中老師及一些長輩也有相同的反應。

「那樣的學校你也讓你小孩去讀？」爸爸媽媽從來不在我面前重複這些話語，但有時這些話我還是聽到了。

「那樣」的學校，我讀得很高興，每天可以彈鋼琴，學的是我了解的樂理和曲式分析。在音樂科裡，懂得轉調樂器比拋物線來得容易，也來得有趣。

我以為只有我聽過這樣的話，想不到我的大人學生依依也告訴我，她也是讀五專的音樂科，要報考時也聽了很多的冷嘲熱諷。「那樣的學校」她竟然要去讀，而家人還支持。

很多人不知道，其實要考上「那樣」的學校，也並不是那麼簡單，那背後有多少個小時日以繼夜，一次又一次反覆的練習，才有的成果。

還好彈琴的快樂很難掩飾，也很難假裝，音樂帶來的欣喜在指尖碰觸到琴鍵時，喜形於色。

記得學生小雨來上課，在上完一天的課後，臉上有倦意。她彈起舒伯特的

《即興曲》就笑了，忍不住告訴我說：「老師，我好喜歡這一段啊，你聽，你聽……」她右手彈起音階般的旋律，「好可愛的旋律，再和左手一起合起來，超好聽的。」

小雨平常住宿，在學校有琴房，她告訴我喜歡晚上練琴的那段時間。

我們一點一滴地學習舒伯特、貝多芬、巴哈……目的不在檢定，也不在比賽，我們喜歡音樂帶給我們的快樂。單純而自然，小雨知道，我知道。

這些，別人都不知道。好多「別人」，好多別人的聲音和意見。畢竟別人不能為我們過日子，為我們決定什麼才是「正確」的選擇。

別人可以認為男孩子不適合彈鋼琴，「那樣」的學校不值得唸，學音樂的以後沒有出路，當然可以這樣想。因為，最終，彈琴的快樂，只有彈琴的人知道。

就如沒有人知道野田妹彈暖身歌的快樂，除了她自己。當幼稚園老師難道比不上鋼琴家重要？答案只有一個，而那只有野田妹可以回答。

別人的意見像是蝸牛的殼，愈背愈重，重到連拖都拖不動；而當我們找到理想，那追求夢想的動力成為翅膀上美麗的色彩，讓我們得以展翅飛翔，成為青鳥。

我告訴那位媽媽說：「你的小朋友很棒，因為他找到了他的興趣，而他的努力將會使音樂變為他的世界。他的辛苦，別人不知道，同樣的，他彈琴的快樂，別人也不知道，但是，這些你都知道也了解。他很幸運有你，他也一定很謝謝媽媽，因為你，他得以追求所愛。」她是他成為青鳥的魔術師。

男孩女孩、莫札特周杰倫、古典現代、檢定比賽、我們別人，都不要緊，我們沒有怨言，因為，音樂是我們所愛。

The opinions of others are as heavy as the shells of snails, the more you carry them, the heavier they get.
However, once we find our dreams, the power of motivation could free us and enable us to fly high,
just like the blue birds.

別人的意見像是蝸牛的殼，愈背愈重；
而當我們找到理想，那追求夢想的動力讓我們得以展翅飛翔，成為青鳥。

當樹獺遇見獅子

我才知道妹妹一直要畫一隻獅子給我，但忘了畫，當她看到我，想起要給我的圖畫沒來得及畫，一急就哭了出來。

瑞姊姊開始學琴了，她已經等了一陣子。那時學校正忙，所以妹妹瑞瑞先學，等她放暑假有時間時我們才開始。

我要瑞姊姊先告訴我有關自己的一切，讓我多認識她。

她想了想說，「如果我是一種動物，我希望是樹獺，因為我喜歡樹獺。可是我不像妹妹，我不會怕獅子！」我笑了，多麼有意思的孩子。

我問她為何喜歡樹獺，她說因為牠們可以慢慢來。我看過圖片中的樹獺，手臂很長，指甲更長，可以讓牠們抓得更緊，爬得更高。

瑞姊姊以前學過鋼琴，我們大約複習一下，學了些新的曲子，就下課了。她把課本收好，招呼妹妹上課了，然後安靜地坐在旁邊看起書來。

我發現姊姊就是姊姊，她會注意妹妹上課的情況，要是妹妹沒有回答我的問題，還是不曉得如何回答，姊姊會輕聲地走過來告訴我，或是湊到妹妹的耳邊，告訴她要怎麼說。

妹妹有姊姊的帶領和守護，雖然很怕老師變成「獅子」，但有了姊姊當守護神，妹妹也不那麼害怕了。

一次她們來上課，妹妹一走進琴房，看到我就哭了，哭得很傷心。我們問怎麼了，妹妹不說話，愈哭愈慘。姊姊馬上說，「那我先上，妹妹等我喔，不要哭了。」

姊姊把妹妹安頓好，自己拿出譜說：「老師我先上課。」

姊姊在練一首很可愛的曲子《洋娃娃之夢》，我看她把每一天的進度寫在譜上：「九月二十二號，只有練習左手。」「九月三十號，兩手可以彈這一頁了。」「十月一號，這頁好難。」

我稱讚她每天的練習都有進步，她不好意思地笑了笑，還不忘看看妹妹有沒有哭。

妹妹這時不哭了，正專心地畫畫。而姊姊的《洋娃娃之夢》也如她練習的進度，比上次進步很多，她的洋娃娃之夢，如音樂本身，說起了一個孩子的故事。一開始洋娃娃想睡覺了，上床後還捨不得睡，胡思亂想一番，慢慢進入了夢鄉。接著洋娃娃在夢裡跳起舞來，愈跳愈快，腳步愈輕盈，跳過森林，躍過溪旁，跑向山坡，溜地一下滑下來，醒了！太陽公公高掛在天上，該起床了。

姊姊精采彈完，我拍手。妹妹也抬頭看姊姊，嘴角掛著一個上揚的微笑。

換妹妹了，姊姊收拾好譜，再幫妹妹拿出譜。姊姊看妹妹手上拿了東西，給她一個鼓勵的微笑，妹妹怯怯地走過來，把圖畫拿給我。

我才知道妹妹一直要畫一隻獅子給我，但忘了畫，當她看到我，想起要給我的圖畫沒來得及畫，一急就哭了出來。

原來是這樣。我看看那獅子，頭髮像太陽光芒的鬃毛，還有一個好大的笑臉，幸好沒有露齒，不然，我想會嚇到小朋友吧！

我謝謝妹妹，因為這圖畫得來不易，裡面有好多妹妹的心血和淚水啊。

上完課我給她們貼紙，姊姊會避開不選妹妹喜歡的貼紙，而妹妹會選自己喜歡的，這是很奇妙的事。

我想當妹妹一生下來，姊姊好像自然而然就知道怎麼當姊姊了。知道要保護妹妹，知道要看著妹妹，知道妹妹哭的時候不要慌張，她會處理，讓妹妹不再哭。因為妹妹比較小，而她比較大，就這樣，天經地義地。

姊姊很喜歡樹獺，還為樹獺寫了很多故事，讀了她的故事，深深被吸引。她筆下的樹獺一片樹葉可以吃上一個小時，因為這樣才能慢慢品嚐出樹葉的滋味，要吃第二片時，才發現該寫功課了（多殺風景的事啊，功課！）寫了寫功課，樹獺看到葉子隨風搖擺，看得出神，一下子就黃昏了，功課才寫了一題。

她思考起快和慢的道理，知道她喜歡慢，可以聽到許多聲音，記得許多事。我讀了後想《洋娃娃之夢》應該改成《樹獺之歌》，樂活和慢活的樂趣，原來姊姊早知道。

放寒假了，姊姊來上課時，告訴我她要開課了。我問是什麼課，她說要辦一個鋼琴冬令營，每個禮拜安排兩堂鋼琴課，而且已經有了鎖定的學生。

我想難不成是現成的妹妹？她說不是，妹妹會彈琴了，是家裡的爸爸。

「爸爸遲遲不報名，再不報名會來不及啊，今天是截止日期，我得拜託媽媽去提醒爸爸，不報名的話，下次得等到暑假了。」

我問她要給爸爸什麼教材，她告訴我已經準備了三本課本，相信爸爸可以學得很好。再來上課時，她很興奮地告訴我：爸爸在最後一分鐘報名了。

我想她爸爸真偉大，上完一天的班還要上課，一個禮拜後小老師更是認真地排了兩堂課，沒有很多很多的愛，真做不到呢。

她說她有些煩惱，因為爸爸只有在前幾天上完課後有練習，後來不管她怎麼催促爸爸，怎麼好言相勸，爸爸不是要修理電腦就是拖拖拉拉，根本拿他沒辦法。

「老師，這樣下去，爸爸沒有辦法進步的，我為他準備的課程根本無法進行啊，這個禮拜眼看就要過完了，今天又要上課，不知道他沒有練琴怎麼上課，我很為爸爸緊張。這樣的學生真是讓老師傷腦筋啊。」

我聽了不禁大笑，當她是老師後，知道學生需要做到什麼，也知道當老師雖然看來輕鬆，但其實要為學生安排課程，還要比學生更了解他們自己的能力與進步的空間。

她拿出聯絡簿，我打開一看，每一首曲子練習的進度及次數都記載得非常清楚。我想當了老師後，她更認真當學生了。

她指指聯絡簿上的日期很興奮地說：「老師，我好幸運喔！我最喜歡今天了，因為這是我的生日，我還可以上鋼琴課呢，你說我是不是最幸運的人?!」

我聽了很感動，因為幸運的是我，有一隻喜歡慢活的樹獺，她最愛慢慢享受樹葉的滋味，而寒假裡她要我與她分享生日。於是我彈起生日快樂歌，祝她永遠是一隻快樂的樹獺，什麼也不要改變了這樹獺。

孤星記

教大家瘋狂的是他的李斯特《梅菲斯特圓舞曲》。

他一彈，我們就聽到啪的聲響——他彈斷了兩根琴弦！

孤星州旗劃開德州萬里無雲的天空，一望無際的地平線，行駛在高速公路上，想像自己是西部牛仔，騎著馬趕牛群。

Do Do Sol Sol La La Sol——，車子傳來《小星星變奏曲》的鋼琴聲，葛瑞大笑了起來。坐在我身邊的艾艾皺起眉頭，職業病的問：「這是誰彈的啊？這麼鬆散。」

葛瑞興奮地說，幾天前在二手書店的唱片區找到這張杜南尼親自指揮演奏的現場錄音，等不及要和我們分享。

艾艾說在范・克萊本（Van Cliburn）鋼琴大賽上彈這首曲子應該是不會贏的。葛瑞把音響調更大聲，把艾艾蓋過。

到德州讀書，最常聽到的話題是德州牛仔足球隊，而另外一個話題是范・克萊本。

第一次聽到這名字是來自室友的姊姊，她帶我們新生去吃飯時說：「你們真幸運啊，明年夏天范・克萊本鋼琴比賽要來了。啊，我去年在哪裡哪裡還看到他呢。」她說完，一臉陶醉，像看到了夢中情人。

我問誰是范・克萊本。室友和姊姊非常不諒解地看著我。「他是我們德州人，在蘇俄和美國的冷戰期間，到蘇俄參加柴可夫斯基的鋼琴大賽，硬是彈了他們柴可夫斯基的鋼琴協奏曲，贏了大賽的金牌。他回國後受到英雄式的歡迎，後來在故鄉德州的沃斯堡市辦了鋼琴比賽，愈辦愈大，現在是國際性的鋼琴比賽了。沃斯堡市就在這附近，你們學音樂的一定要去看看。」

果然，學期中就聽到同學們邀約去買鋼琴大賽的票，我們幾個好朋友從預賽票買到決賽票。票沃斯堡市非常特別，小小的一個地方，有著古老的牛仔市集買賣牛羊，或比賽牛仔騎術，不想這麼粗獷的，來，我們也有世界級的鋼琴比賽。

比賽的地點在德州基督教大學，我們停好車後，急急向會場走去。在音樂廳前，有人賣節目單，厚厚的一本，也有人捧著盤子，上面一座小山丘似的糖果。

「是喉糖，要不要來一顆？」小姐拿了一顆給我，她微笑地說：「請在進場前吃掉，打開喉糖紙的聲音會吵到聽眾。」

我們進場，找到位置坐下，觀眾們都一臉的興奮和期待。這四年一度的鋼琴盛宴，引來了世界各國的鋼琴好手，大賽規定他們的年紀不能超過三十歲。

三十歲為上限，說公平也不公平。

我看看節目單，第一個出場的是一個剛滿十九歲的蘇俄小男生，名叫Sultanov，要彈巴哈的《義大利協奏曲》。

燈光暗了下來，廣播說：「各位，我們要開始了，身體不適的，會想咳嗽的，我們有提供喉糖。在演奏中若想咳嗽，請記住用手帕蓋住口，可以減少一半的聲音。請幫我們維持演奏廳的安靜，謝謝。」

一下子，整個音樂廳像是被靜音般沒有半絲的聲音。蘇俄男孩走了出來，小小的個子，一頭鬈髮，敬禮後甩甩頭，就開始了。

巴哈的《義大利協奏曲》，規律但不失熱情，平靜中有高潮，高潮中有克制，但不是壓抑。

沒有任何錯誤，只有千錘百煉的精準和完美，呈現在德州天空下音樂廳的空氣中。

音樂不能如藝術被停止在畫布上，它遊於空氣之間，流過耳中，浸潤心底，當琴音停止時，如彩虹，懷疑它甚至不曾發生過，但心中的悸動告訴我們，是的，這，是真的。

聽完早上的初賽，走出音樂廳，那感動，那震撼，難以形容。我想起《阿瑪迪斯》裡薩利耶里的致辭：「乾杯，敬我們平凡人。」

這些初賽者，每一個所傳達的琴聲音樂，怎麼說，沒有日以繼夜的練習，沒有全心去感受，沒有用生命去賭，沒有把自己獻給鋼琴，沒有犧牲，沒有完全的奉獻，沒有百分之百的，甚至百分之兩百的練習，是沒有辦法這樣彈琴的。

而表演的鋼琴家，每一個每一個，都是如此熱愛鋼琴，奉獻給鋼琴。他們一定是出生時，如阿基里斯般被浸到音樂的聖河裡，身體的每一寸從頭到腳都浸潤著音樂的因子，所以，彈出來的樂聲如此如此的動人。「乾杯，敬我們平凡人。」薩利耶里，我了解了。

小鎮上賣的「沃斯堡市日報」大幅報導當天的初賽者，從他們的出生地到他們愛吃的食物，完全把他們當明星般的崇拜和敬仰。所到之地聽到的都是比賽的消息，大家當起評審，自己排名最喜歡的鋼琴家。

我這一輩子再也沒有看過那麼以音樂為傲的觀眾，完完全全尊重音樂，尊重演奏者。那個月聽的音樂會超過十幾場，沒有一場音樂會有任何的噪音，是什麼讓一個德州小鎮有這樣的共識？

甚至有一對新人在結婚時，因為知道音樂廳正比賽著，所以他們等到鋼琴家彈完了，才敲鐘祝賀。

一開始聽到的蘇俄小男孩愈戰愈猛，因為他是我們這批人聽到的第一個參賽者，我們一致為他加油。他彈了莫札特的C大調奏鳴曲K.330，把一首簡單天真的曲子彈得淋漓盡致，充滿了樂趣。

讓我們驚豔的是他大無畏的低音，好像小孩子本來就應該在大太陽下玩耍，好像溜滑梯就是要大叫一樣自然，一點都不覺得突兀。

而那第二樂章，如一條毛毯，如一杯熱可可，如微風，如母親的愛，可以把世上一切的苦難悲傷全都化解，得到安慰。

天堂的音樂，理該如此。

教大家瘋狂的是他的李斯特《梅菲斯特圓舞曲》。他一彈，我們就聽到啪的聲響——他彈斷了兩根琴弦！

觀眾小小地起鬨，只見他完全沒有任何停下來的意思，他繼續著。

真如魔鬼在跳舞，他不只是跳舞，他挑逗觀眾，勾引他們掉到他的音樂陷阱裡。他誇張的低音，反而讓人坐不住，血液沸騰。

一彈完，全場為之瘋狂，大家站起來鼓掌。他很瀟灑地站起來敬禮，指指鋼琴，表示琴弦斷了。

大家繼續拍手，調琴師跑了出來，大家歡呼，不過也很快安靜下來，讓她專心換琴弦。她換好了，觀眾又起立，吹口哨拍手鼓掌。她笑笑，也敬禮。

除了他，還有一位韓國女孩子頗受重視，結果傳來她的小指頭受傷的消息，恐怕無法繼續參賽。第二天她出場，大家報以熱烈的掌聲鼓勵她。她彈了蕭邦的練習曲，不，她那樣的彈法不是彈奏，而是變魔術，手指頭飛快的速度，分不清是哪隻手在彈，而且，那樣飛快的速度，聽到的是音樂嗎？她要表達什麼呢？炫耀她可以彈這麼快嗎？

那場她演奏完畢，大家起立鼓掌。艾艾說看來手指恢復得不錯，但是葛瑞不相信傷口之說：「她一定是故意的，根本沒有傷口，這樣做讓裁判給她同情分數。」他們問我意見，我說不管怎樣，彈這麼快，好像沒有音樂性可言。

當然，報紙大幅地關切這個消息。她接受訪問說，很高興還可以彈，希望可以進預賽。預賽公佈了，她沒有入選，蘇俄小男孩進了。預賽後的複賽，他也進了。他才驚覺他有可能進入決賽，招待家庭趕快為他去買了一套Tuxedo（無燕尾晚禮服）準備。

那年，這個剛滿十九的男孩，拿到了金牌！評審是這樣說的：「他的音樂雖然不是最完美的，但他所釋放出來的熱情讓音樂有了新的意義。」

一年後，經過了很多很多場世界各國的巡迴演奏會，他回到了德州，來到了我們學校演奏。

我們這幾個一路上看他過五關斬六將拿到金牌的樂迷，早早安排去聽演奏會，而他的低音效應還流傳於我們鋼琴主修之中，噹噹噹噹噹，是我們那一陣子的口頭禪，就是他特別誇張的低音彈法。我們興奮地期待他的演奏。

那天到來，音樂廳擠滿了人，這樣一位德州鋼琴比賽出來的贏家，在繞了一圈地球後，又回來了。

當初聽他比賽的人，一年後才得以再聽到他的琴聲。他出場了，開始彈琴。莫札特的奏鳴曲，我的最愛。記得他如何把它彈得如天堂的音樂，咦，不一樣，說不出是什麼。

彈畢，大家客氣地拍拍手。下一首，普羅高菲夫的奏鳴曲第七號，他彈得飛快，最後一個樂章是快板，他應該會秀個超速吧。

嗒—嗒—嗒—嗒—嗒，他開始彈得很慢，或許他會加速，沒有，他沒有。他繼續用龜速前進。

一時之間，我了解了。他的音樂說了：「I am so bored, bored, bored.」（無趣，無趣，無趣極了。）

我愈聽愈覺得難過，那個男孩到哪裡去了？得了獎後，沒有喘息的時間。他開始了巡迴演奏，這樣一年下來，他的音樂聽來異常疲倦，異常無趣，像被困住了。

或許得這個獎，對他並不是好事？或許，對一個十九歲的孩子來說，他可以贏一個大獎，但，或許對這個世界，他還沒有準備好？

演奏會完，有同學問我們，為何他會得金牌。我不知道該如何回答，他那時真的不是這樣彈琴的。所有的鋼琴主修被邀請到教授家，參加為蘇俄男孩開的宴會，大家聚在廚房聊天，因為教授們都在客廳。

突然，大家安靜了下來，原來蘇俄男孩走了進來。

他指指我手上的啤酒說，「你這在哪拿的？」

大家一窩蜂地搶著打開冰箱，要拿啤酒給他。

他仰頭喝起啤酒，而當他真正出現在這廚房，大家反而不知道要說什麼。要說他的低音被我們模仿著？要說那李斯特曾彈得讓我們血液奔騰？要說我們聽到的第一個參賽者是他，而我們一路為他加油？要說，怎麼了？發生了什麼事？為何現在彈得這樣？音樂去哪兒了？熱情去哪兒了？

而你，親愛的蘇俄男孩，你又去哪兒了？

所以前些日子和艾艾聯絡上，我們聊起那年去聽鋼琴比賽的事。我問起蘇俄男孩。

「你沒有聽說嗎？他死了。幾年前心臟病的樣子，一直臥床不起，後來就走了。」艾艾說。

我們好一會兒沒了聲音。我說：「記得他的噹噹噹噹低音嗎？」

她笑了說，那時教授還告訴她，蘇俄男孩的彈法不要學。我們哪聽得進去呢？

我還想告訴艾艾，我記得他，記得他彈的第一個音，甚至記得那天德州天空的顏色，和那孤星旗飄揚在風中的樣子。

小男孩踏出飛機來到德州，招待家庭來接他，給了他一朵德州有名的黃色玫瑰花。他接過去，謝謝他們。坐上車後，招待家庭的爸爸打開車裡的收音機聽起鄉村歌曲。

他望向窗外，沒有，這裡沒有故鄉的紅色廣場，只有平坦的大地，想到鋼琴比賽，他有些緊張，握了握拳頭，玫瑰花的刺提醒了他花的存在。他聞聞花香。車子駛離了，塵土揚起，隨風而逝。

好久不見

他回到座位上，我恭喜他演出成功。

他說：「老師，那首歌是獻給你的！」我受寵若驚。

過了個暑假，嘉嘉和俊傑進到琴房來，迫不及待地要告訴我他們暑假做了什麼。「我先說。」哥哥一手擋在妹妹前面。

「我們去參加了中文的夏令營！」妹妹為了要逆轉局勢，馬上宣佈了答案。「真的？」我驚呼。

哥哥狠狠瞪了妹妹一眼，妹妹很天真地坐在小椅子上，微笑點頭說：「很好玩！我的中文現在和哥哥一樣好了。」

哥哥哼地一聲，「你連自己的中文名字都還不會寫。」

妹妹馬上拿出紙說：「來，我寫給你看。」

我和哥哥湊過去，只見妹妹嘉嘉一筆一畫「製造」得很辛苦。

嘉嘉和俊傑是ABC——在美國出生的中國人，家裡說廣東話和英文，爸媽的中文也說得少。俊傑反而覺得這樣下去不行，國中暑假自己就去報名了中文夏令營，隔年妹妹也跟進。

記得他們來和我學琴時，我看同是黃皮膚黑頭髮，問他們有沒有中文名字。哥哥很大聲地說有，馬上寫給我看，而妹妹著急地看哥哥，哥哥看看妹妹說：「自己寫。」

妹妹下次來上課，就把一張紙交給我說：「這是我的中文名字，我自己『做』的。（I『made』 it myself.）」我聽了笑了。所以，和他們上課，我們說起了中文。

哥哥常說了幾句，開始說：「Small？」我問：「What？」他疑惑地問我what不就是small嗎？原來他是說「什麼」。

妹妹在一旁聽了可樂了。「哈哈，哥哥的中文不標準。」換妹妹上課，她直接告訴我用英文上課即可。

他們在夏令營學了Richie Ren的歌，等不及要唱給我聽。我沒有聽過這個歌手，後來才知道是任賢齊，他們唱起了《對面的女孩看過來》。

聽他們牙牙學語般的歌唱，非常有趣，雖然發音不甚清楚，但對面的女孩，你最好看過來啊，他們很認真的唱著。

後來有一天妹妹帶來了一首譜要我教她。「老師，這歌很有名，在夏令營裡大家都在學，是一個叫Jay的歌手寫的。」我看看彈了起來，一彈驚呼——是周杰倫的《晴天》。

「我我我——也很喜歡Jay。」嘉嘉很高興我也喜歡。

「周杰倫很厲害，他也是學鋼琴的，歌曲不只結合了東方和西方音樂之美，他的歌詞更是了不起，雖然他的咬字不是很清楚，但更具有自己的特色呢。」我興奮地口齒不清地解釋著，嘉嘉看看我說：「可以換我彈了嗎？」

我把周杰倫的CD借給他們聽，雖然學唱周杰倫的歌對他們兄妹來說都有些困難，但久了也可以哼上幾句。嘉嘉的《晴天》也彈得愈來愈順。

一天他們來上課，像發現新大陸般地告訴我，周杰倫的MV裡有一個女孩子和我很像，我驚喜地問是哪一首。

「老師，是《髮如雪》，在歌曲一開始他們不是去一間餐廳嗎？你再往下看，就會看到一個穿黑衣服的女人，那就是了。」我等不及下課，趕快上網找MV看。看了好久，就是沒有看到穿黑衣服的，女孩子都穿紅色的。我打電話問嘉嘉，她說她也要上線一起來看。

「有了，在第三分鐘的時候，有沒有？老師，快看。」只看到一個店小二招呼客人。

「那個穿黑衣服的嗎？」我問。

「對對對！」

我哀嚎：「那是個男的，他是侍者。才不是什麼J女郎呢！」

嘉嘉急急地辯護著：「老師，那是女的，你看，她在招呼客人啊，她是老闆娘。」她很肯定地說。

嘉嘉說周杰倫的《牛仔很忙》她聽不懂。我說：「其實很適合你們年輕人聽，你看，他說他不要暴力，要修理人只用橡皮筋；他說他不喝啤酒，只喝牛奶，這不是很好的示範嗎？美國的青少年酗酒的問題這麼厲害，喝牛奶上路不是更安全？」嘉嘉笑了，說她也同意。

時間像飛的，一轉眼哥哥已經有駕照了，爸媽不用再接送他們，他們自己來上課。哥哥已經在申請大學，而嘉嘉雖然也高中了，還是喜歡坐在小桌椅前寫功課。

這麼多年來，哥哥上課時，嘉嘉總是在小桌子前寫功課，現在再看她，還是如昔日般地用功。

她不解地說：「老師，我們真的不是要故意符合『典型』的ABC形象：功課好，特別是數理方面，又學鋼琴，我只是做我自己啊。可是大家一聽到我們的中文姓氏，看我們的黃皮膚和黑頭髮，就覺得我們該是這個樣子。」

我笑笑，她接著問我：「老師，你也是中國人，所以，你的數理也很好了？」我顧左右而言他說：「快彈琴。」她樂了。

「啊，老師，你的數理不好，那你怎麼配當中國人？」

我反彈：「你才是吧，一點也不尊師重道，怎麼當中國人啊？」

這下換哥哥樂了。「這一局，老師勝。」他宣佈。

我說：「你們真的很棒。你們想學中文，就自己去進修，這個很不簡單，因為中文多難學，你們也知道。而本來我們的文化背景就很重要，美國之所以是美國，因為它是大熔爐，也沒有什麼資格說別人不一樣。」她很高興地告訴我，下個禮拜的文化節她和哥哥都有表演，邀請我去。

在文化節上，嘉嘉穿了一件旗袍，我都認不出來了！她演唱了周杰倫的《晴天》，而哥哥表演的節目是中國武術雙截棍。我問俊傑爸媽他何時學的。他們說他們也不知道，俊傑還自己配樂。

音樂放了出來，我笑了——是周杰倫的《霍元甲》！我看他表演得很有架勢，再配上這音樂，真是非常的有氣魄。哥哥表演完畢，大家拍手。

他回到座位上，我恭喜他演出成功，他說：「老師，那首歌是獻給你的！」我受寵若驚。

周杰倫又出了新專輯，我想到了嘉嘉和俊傑，我想該去買張CD寄給他們。哥哥現在已經開始工作了，嘉嘉今年也大學畢業，我想寫張賀卡給嘉嘉，恭喜她畢業。

一邊寫，我一邊哼起了《好久不見》的歌詞，好久不見，你還好嗎？你的小狗長大了嗎？「small」和「什麼」分清楚了嗎？

不管是ABC、美國人還是中國人，我相信你們已經找到自己了！

註：《好久不見》為周杰倫的歌曲名。

彈一首莫札特

「所以，你的莫札特是最好的禮物。」傑瑞說。
我點點頭，步伐變得沉重。

初春的二月我彈了一場鋼琴演奏會，有莫札特的C大調奏鳴曲K. 330、舒曼的《兒時情景》，和蕭邦的第一號敘事曲，中場休息後彈拉威爾的鋼琴協奏曲。好友鋼琴家傑瑞是我的第二鋼琴，彈管弦樂的總譜。

會後大夥們一起到餐廳慶祝，沒有什麼是比彈完一場演奏會還令人感到饑餓，因為演奏會前，沒有心情吃，我都吃一碗麥片粥，不刺激腸胃，也可以止餓一下。一天下來就等演奏會完，可以大吃一頓。精神和體力，要維持一個很好的狀態，才有辦法彈演奏會。

傑瑞說，他那一天也吃不下，就等演奏會完那杯馬丁尼。

我點了一大盤的香蕉巧克力鬆餅。在彈完一場演奏會後，最想吃的是鬆餅，我想因為在德州讀書時，練琴到深夜，都和同學們到IHOP去吃宵夜，我習慣點香蕉巧克力鬆餅，和一杯熱可可。那記憶就一直伴著我到現在，辛苦練完琴，肚子想的是鬆餅。我大口吃進沾滿楓糖漿的鬆餅，非常滿足。

好友們都圍過來聊天。愷莉說整場演奏會她最喜歡的曲子是舒曼，雖然那首曲子不是很難，但她喜歡舒曼描寫童年的每一景。

舒曼那首曲子是由十三首小曲子組成的，有描寫在異國的陌生感受、小朋友祈求的樣子、冬天爐火的溫暖、騎木馬的快樂等等，當然最有名的一首曲子是《夢幻曲》。最後的曲子就叫《孩子睡著了》和《詩人說故事》。

我滿喜歡這首曲子，以前讀國中時練過，印象不是很深。現在拿出來彈，很喜歡那種簡單的意境。

瑞秋也靠過來說她也是最喜歡舒曼。麥克則說他喜歡蕭邦，氣勢很雄偉。他問是不是電影裡《戰地琴人》（The Pianist）的音樂。

我說對的，當那位波蘭鋼琴家躲藏在荒廢的房子裡被德國將軍發現時，他就是為將軍彈了這首曲子。將軍被優美的琴聲感動，而幫他度過了艱難的日子。

當我看到鋼琴家開始彈這首敘事曲，第一個Do音出來時，我震驚得都坐直了！每一個音，傳遍了那空曠的屋子。

當他彈到中間的慢板，優美的旋律由他瘦骨嶙峋的手指彈出，他吐出的氣都成了白煙。想到他的遭遇，心一揪，真要掬一把淚。接到最後的coda尾奏，激情又熱烈，不肯放棄，不肯屈服的結束。

他彈完，世界停止，淚也流了下來。

這首曲子我以前研究所時在畢業演奏會彈過，現在再拿出來練，嘿，可沒有變得比較簡單。相反的，難多了。有些以前覺得簡單的，變難了；覺得難的，變簡單了，對音樂的詮釋也不一樣了。

強尼說他最喜歡拉威爾的協奏曲，我也是。彈協奏曲，可以和別人合奏，不管是彈第一鋼琴還是第二鋼琴。

一直很喜歡這首曲子，第一樂章很有節慶的感覺，很熱鬧，由打擊樂器啪地開始，我們叫學生卡伯拿兩片木板來充當一下。

卡伯幫傑瑞翻譜，我們三人要開始時先對看，然後我一點頭示意，卡伯打木板，啪地一聲，嚇到很多人，我在台上偷笑。主旋律有爵士和藍調的味道，有些煽情，有些懶散，有些調皮。第一樂章幾乎把鋼琴上所有的琴鍵都彈到了，非常過癮。

第二樂章慢板，如果我可以選一個最唯美、最浪漫的樂章，我會選它。主旋律非常的緩慢，但優美。

它的美讓你急不得，你非得彈得這麼慢，才能細細欣賞。中間的過門卻是令人焦慮又害怕會有什麼閃失，而失去這份美。一個峰迴路轉，一切沒事了，又看到了綠草蒼蒼，白霧茫茫，有位佳人，在水一方。

第三樂章相較起來，反而有些喧嘩，承續了第一樂章的歡樂氣息。不過彈起來是坐不住的，那節奏、那歡喜（演奏會快結束了！）是擋都擋不住的。

我舉杯和朋友們乾杯，謝謝朋友們來捧場，更特別謝謝傑瑞的幫忙。慶功宴也到了尾聲，看大家走光了，心裡又有那種「演奏會結束憂鬱症」。練那麼久的琴，而演奏會一個半小時就開完了，我有些惆悵地想著。

要走出餐廳時，一對夫婦等在那兒。我跟他們不熟，不過知道他們是麥克的朋友。那先生說要謝謝我今天彈莫札特。

我說我也很喜歡那首莫札特，尤其是第二樂章的慢板。如果天堂可以選配樂，那是最接近天堂的音樂。他說他也這樣認為。他兒子最喜歡莫札特了。

我問真的？他也彈鋼琴嗎？他笑笑說他兒子不會彈鋼琴，不過很喜歡莫札特。

他太太靠近他，他手臂環抱住她，他們握住手。「我兒子十八歲時就走了，在他的葬禮上，我們放莫札特的音樂，聽著聽著覺得他就在我們身邊，沒有遠離過。」我的眼眶慢慢泛紅。

那位爸爸的表情沒有憂傷，沒有悲慟，有的是深深的愛及想念。

他接下去說：「謝謝你今天彈莫札特，他會很喜歡的。」他把手放在心口上。我謝謝他們。

「所以，你的莫札特是最好的禮物。」傑瑞說。我點點頭，步伐變得沉重。以為，彈琴就是如此，開演奏會，分享音樂的美好，以為自己是付出的一方，而我是錯得多麼厲害，我所得到的遠比我付出的多太多太多。

世界上沒有什麼是我應得的，只求好好的活，好好的做自己，好好的愛，好好的，彈一首莫札特。

餓肚子的藝術家

亞倫自己買了台很陽春的鍵盤樂器在家練習。我特別吩咐他要買八十八鍵的，他說他的錢只夠買六十鍵。

學期開始我在學校辦公室排課表，吉他老師亞倫走了進來，我問他是不是要用辦公室，我馬上就好。

他笑說不是的，他是特地來找我，接著拿出註冊單說：「我在另外一家大學修音樂碩士，需要鋼琴的學分，他們說我可以在這裡修，我也和主任談過了，我可以修你的課，你說好不好？」我說當然可以，很歡迎他。

亞倫和我一樣都是學院的兼任老師，我們共用一個辦公室，平常把課表調整好，避開彼此上課的時間，相處起來平安無事。

他是音樂科裡最年輕的老師，溫文有禮，除了自己的個別課，還開了古典吉他和吉他室內樂的課程，認真的態度很贏得學生們的尊重，我常看到吉他學生在練習，大家一起合奏，那樂聲非常悅耳。

這時我就會開始找我的鋼琴學生，人呢？我們可要加油才不會輸啊。

亞倫來上課，因為彈吉他，所以他的指甲比較長些。他有些困窘地問我怎麼辦，我建議他在不影響彈吉他的情況下，將長度修剪一些。

他的音樂背景使他的鋼琴已經有了個不錯的底子。我們從初級課本開始，一開始上課，他的進度好像在飛一般。每個禮拜我們學五首曲子，他再自己學，一下子初級課本就要學完了。

亞倫自己買了台很陽春的鍵盤樂器在家練習。我特別吩咐他要買八十八鍵的，他說他的錢只夠買六十鍵。

「老師，不要擔心，雖然只有六十鍵，但我可以分手練習，也可以提早到學校琴房練習。相信我，我做得到的。」

當老師練習的時間已經不是那麼多了。他從來沒有荒廢過一天不練習，把鋼琴當成他必須征服的挑戰，因為一通過了鋼琴課，他就可以開始修別的學分。

常常有人問我何時開始學琴是最理想的。我看看亞倫，再看看別的成人學生，知道這個問題沒有標準答案。

亞倫學新曲子手常會打結，因為吉他的指法只有從1到4（食指到第五指），而鋼琴的指法是從1到5（大拇指到第五指），他會有一絲絲的沮喪，但我鼓勵他。我們一起多練習幾次後，比較得心應手了。他會開心地說Yes，我們再學一首。

一次他來上課，有些悶悶不樂。我問他怎麼了，他不解地看著我說：「為何學生這麼懶？為何他們這麼不尊重老師？為何學習是他們的功課，我們得為他們做這麼多，而他們還不知努力？」原來他為吉他社辦了音樂會，學生開始時一頭熱，幾次練習下來，學生就懶了，甚至連音樂會也沒有出席。

「我可以把他們當掉的，但這明明是為他們開的啊！」

我說我了解。學生雖然看似大人了，但教了幾年書，覺得有的大學生好像有「青春期延長症候群」的現象，延緩長大的時間，大學生了卻還像小孩子般不負責任。而大學也不是小學，很多事情，老師不能也不會牽著你的手，等你慢慢來，可惜的是學生們浪費的光陰與機會。

學期末我們開鋼琴演奏會作為期末考。我問亞倫介不介意和學生們一起上台演奏，他興奮地說他等不及要上台呢。

「老師，那我可不可以邀請我的未婚妻海瑟來聽呢？」我說當然可以。

「我上個禮拜為她彈了一首樂曲，然後跪下來向她求婚，她感動地說Yes！」

我大大地恭喜他，他不好意思地笑了：「你也知道，兼任老師的時薪不高，學校也不提供別的保險和福利，我平日還兼了一些別的學校的課，每天都要教到晚上，但也讓我存夠了錢買鑽石戒指，現在我得努力來存婚禮的錢了。」

「我其實很怕海瑟不願意嫁給我，她爸爸有提過幾次我不過是個餓肚子的藝術家，自己都養不飽了，還要照顧他女兒？但我也證明給他看了，我努力地教課，沒有做不到的。何況我和海瑟要的只是很平凡的生活，但我們也有我們平凡的幸福啊。」

我聽了很感動。音樂這條路，一直有兩極化的看法，很多人即使孩子很喜歡音樂，就是不讓孩子們來學，更不願意他們走音樂這條路；有的是不管孩子對音樂有沒有興趣，都一定要孩子走這條路。

我看著亞倫，想著他說的，我更加確定了一件事。每個人頭上都有一片天，而幸福可以這麼簡單，平凡而無價。

In many cases, teachers cannot and will not hold your hands or wait for you.
What a shame students waste such time and opportunity.
很多事情，老師不能也不會牽著你的手，等你慢慢來，可惜的是學生們浪費的光陰與機會。

娜娜之歌

娜娜彈起《投幣鋼琴》。我驚喜地發現她加入了自己的即興創作。本來已經很俏皮的《投幣鋼琴》在她的改編之下更加搖滾了。

娜娜是盟盟的妹妹，兩個人長得很像。娜娜小了一號，沒有姊姊高，但那一頭烏黑的頭髮和烏溜溜的大眼睛完全就是盟盟的再版。

我第一次上她們的課，姊姊先上。說不出什麼原因，但老大就是有老大的架勢，她很禮貌地告訴我學琴的歷程，接著把妹妹的也大概說了一下。

琴譜上有些她們的塗鴉和字句，她笑著解釋說她們很喜歡塗塗寫寫。這些塗鴉很有趣，像四格漫畫，有背景故事，有對話，小小人物有表情，譜上還可見她們對原先歌詞的不滿而自己改寫的歌詞。

我們翻到一頁樂譜，上面畫有一個悲傷的臉。盟盟說：「這是妹妹畫的，因為她不喜歡這曲子。」

我想音樂就是如此，它給我們的感覺最直接，我們也不需要樂評者來告訴我們這是好音樂，喜歡就是喜歡，而小孩子的感覺更是透明。

我研究起那個悲傷的臉和那首曲子，盟盟頭也湊過來。我發現所有的樂譜她們都共用，這或許也定型了一些事情。待會兒等妹妹上課，我再來觀察看看。

換妹妹娜娜上課，她比較害羞些。我想第一次上課，先聽聽她彈。她彈了很多曲子，一首接一首，純熟得很。她很少說話，我讚美她的時候，她抿抿嘴笑笑。我教她新的曲子，她很快就會了，再給她別的課本的曲子，她也很快就會了。她說因為以前都聽姊姊彈過了。

我想是了，這些都是姊姊的舊譜，接下來我知道該怎麼做。

我找了完全不一樣的教材給娜娜。她從小聽姊姊練習，久而久之就習慣了這些音樂，待她來學時，她已經會了大半，因為她聽得快，也就不怎麼讀譜。

等我們開始新的教材，娜娜不是很習慣，看譜時不自覺還皺眉頭。

我也偷偷觀察看她有沒有畫悲傷的臉在譜上，謝天謝地，沒有。

盟盟告訴我她喜歡娜娜的新譜，所以她也玩玩看。

盟盟真是天上派下來的天使，因為娜娜一看姊姊也彈她的曲子，覺得有伴，就比較想學了。

盟盟說娜娜其實很喜歡彈琴的，「老師，妹妹真的是『play piano』，玩鋼琴的，這些曲子她熟了後，就自己接些東西進去，她說這樣比較有趣。她可以玩鋼琴玩上一整天！」

我聽了後很吃驚，因為娜娜來上課很中規中矩，除了她選貼紙的時候，她的表情會顯露出一些興奮外，貼完貼紙後她又回到乖乖的娜娜。

娜娜的看譜能力明顯地進步了，她不再學姊姊彈過的曲子，沒有聽過的曲子，她必須一個音一個音讀，剛開始慢了些，但很快地她也進入了情況。

每次上完課，她禮貌地謝謝我，我總會想何時可以聽到她玩鋼琴的樂趣及她的創作，我多希望她與我分享。

一次娜娜來上課，她整個臉發亮，笑容滿面，我還沒有說嗨，她先說：「老師，你寫的書好好看！」我笑了，問她喜歡嗎。

她點頭說：「喜歡！我禮拜六早上醒來，彈了很久的鋼琴後，不知道要做什麼，看到姊姊的書架上有你的書，我就拿來看，然後我就一直看到晚上，把它看完了！」

我很感動小朋友喜歡我的書，問她喜歡哪一篇。她側頭想了想說：「都很喜歡！」

娜娜彈起《投幣鋼琴》。我驚喜地發現她加入了自己的即興創作。我笑了，等了這麼久，終於聽到了！好可愛的娜娜之歌，百分之百娜娜。

她時而把主旋律加進快速音群，時而把節奏加入附點長短音。本來已經很俏皮的《投幣鋼琴》在她的改編之下更加搖滾了。

娜娜開始和我分享她的世界，她告訴我小時候媽媽帶她們去學琴，總要坐好久的車，她都很害怕。

「害怕，為什麼？老師很兇？還是功課太多？」她說都不是。

「因為每次快到老師家的時候，都會經過一家店，那家店從外面看很暗，我覺得很恐怖。我告訴媽媽，媽媽說不過是一家店。下次要帶我進去看看，就不會覺得恐怖了。」

「後來呢？」我問。

「後來我們沒再去上課，所以也就沒去成那家店，所以還是很恐怖啊！」

娜娜很愛畫畫，她畫了一隻獅子在彈琴。獅子短短胖胖的腿搆不著地上，在空中晃啊晃，我們把它貼在鋼琴上方。

她告訴我週末時她們和好朋友茉莉姊妹舉辦了一場鋼琴比賽，她們實力旗鼓相當，我很好奇她們怎麼比賽。

「我們自己訂規則啊，要穿好一點，不可以穿短褲等等的，我們就跑回家換衣服再開始；可以背譜也可以看譜彈，不會影響分數；要是有敬禮的話會加分。因為我們都會忘記敬禮呢。」

我聽了覺得好玩極了。「然後呢？誰當評審？」我問。

她說：「我們都是評審啊，只有自己不能給自己打分數，而我們都不希望別人誤會我們給自己人比較高分，所以呢，我給茉莉和她妹妹很高分，給姊姊比較低的分數。」

「那茉莉她們呢？」我問。

「她們也是耶！茉莉給我好高的分數，結果我就贏了。」

我讓盟盟和娜娜試了四手聯彈，她們之間的默契無人可比。

盟盟了解娜娜，娜娜知道姊姊。在一來一往中兩人合作無間，要是有一人拍子慢了還是錯了音，另外一人會很巧妙地接下去。

音樂中聽得出妹妹對姊姊的信任，姊姊穩重地帶領著妹妹，妹妹一拍一拍地跟隨下去。四隻手叮叮咚咚彈奏出來的不只是音樂，更是姊妹之間的情誼。

她們的媽媽這時進到了琴房，她坐下靜靜地聽姊妹的合奏。我對她笑笑。

她們彈完，媽媽覺得驚喜。在家中聽了很多次她們的合奏，但在課堂上聽，好像兩人的默契又更好了。

「你們要好好加油！不然老師的《琴鍵上的教養課》要改成《教訓課》了。」

盟盟高興地接下去說：「還是改成《感化課》好了。」

娜娜彈起她的即興之作，我們席地而坐，欣賞起來。

在娜娜的琴聲中，我們只知道鋼琴可以這麼好玩，而琴鍵上的課不是來「教訓」或「感化」，音樂本來就該如此分享。

娜娜彈完，我們拍手，謝謝她的音樂，及她琴鍵上的分享課。

我的資優生

她在法國時，常常會打電話來問候我。一次她在準備音樂院的鋼琴入學考，說真希望我可以幫她上課。

我靈機一動說她練好後可以打電話來，我在這兒可以看譜聽她彈，給她意見。

我帶小君來到工作室，一上到頂樓走到陽台。

她驚呼：「老師，那是101，那是廣場，還有，哇，一整片山和天空！」

我笑了，走到她身邊。我們靠著陽台遠眺台北。

打開工作室的門，鋼琴坐落在一側，兩張椅子，一張給學生，一張給老師。桌子上擺了一盆小小的黃金葛，牆上掛著演奏會的海報和節目單。

小君像個孩子般地開心，東瞧瞧西摸摸，「你覺得如何？」我問。她一臉笑意說：「很好。」

她把譜從袋子裡拿出來放在鋼琴上，筆記本拿出來交給我，一個棕色的信封露了出來，那是學費，我謝謝她。她在信封上寫著：「謝謝老師，辛苦了。小君上」。每一堂課都是如此，感謝老師的心沒有改變過。

我問她這個禮拜的功課練得如何。她搖搖頭說，這次比較難，練了很久，還是感覺在視譜一樣，我說這很好。

她驚訝地問為什麼。我說想知道她的底線在哪裡，因為這學期給她的功課，對她來說輕而易舉。

我記得她大一時，我們上學期練莫札特奏鳴曲第一樂章，下學期練第二和第三樂章；而現在我們用一兩個禮拜學完一首奏鳴曲，一個月就修飾得差不多了。

她彈起莫札特的《幻想曲》，低音的D小調琶音沉沉地開始。

想到不過是幾個月前，小君打電話給我，問我願不願意教她鋼琴。我的思緒一下子回到十幾年前一個南台灣的夏天。

我當時剛拿到學位回台灣，有幸在自己的故鄉，更是爸爸的母校找到教職。而當我收到教務處的通知單時，興奮地發現我有三堂鋼琴個別課，一個鋼琴主修學生，兩個副修。我和學生約好時間，到了學校。

學期開始，一片新氣象，學生老師都忙得像蜜蜂般團團轉，很多學生在系館前不知如何找起，就在花園前，我看到了三個學生，像孤兒般等人認領。我走過去問他們是不是我的學生。學生們有些傻住了，後來他們告訴我，看我的名字以為我會是位老頭子！

學校的系館琴房很正點，老師上課都是大琴房教室，還有冷氣。我記得教室的窗戶可以看到高大的椰子樹，和紅瓦的教學大樓。

想起爸爸以前也是這裡的學生，覺得很神奇。爸爸曾告訴我，他們幾位學生住宿時，雖然吃得不是很好，但他們這些鄉下的窮孩子，都覺得很不錯了。

我很期待上主修鋼琴課，想起在德州時，老師對主修學生的期許和苦心，我等不及要開始教第一個鋼琴主修學生。

我記得小君的第一堂課，她敲了敲門，我喊：「進來。」她說，「老師，我沒有手可以開門。」

我去開門，才知道她兩手捧著譜，還買了飲料和餅乾要給我。我謝謝她，一邊想怎麼有這麼好的事！

她很安靜，看來是個害羞的孩子，北部下來的學生。我問她來台南有沒有什麼不適應，她不好意思的說，老師們上課都用台語，她聽不大懂，不過，她會學。我聽了大笑，想不到在台灣的孩子，換了個地方，這個文化衝擊還真不小呢。

我要她先彈音階給我聽，她不疾不徐地彈了起來，四個八度，不只平穩，還有大小聲的曲線。

我訝異有人可以把音階彈得如此有音樂性，稱讚她及她的鋼琴老師。她頭低低的笑笑，我們便開始上課了。

她學得快，老師的台語樂理課，她都可以跟上。同學帶她去長老教會，台語詩歌還不大會唱，但「阿們」聽來都一樣，雖然這一切和北部大不同，但她慢慢學，也可以和我說幾句台語。

小君很認真，我要求的課業她沒有做不到的，連我覺得有些難度的，她也辦得到。我要她把巴哈賦格的左手部分背起來，這樣背譜可更牢固。

她來上課，我隨口問問背得如何，她把譜「壯士一去兮不復返」似地拿給我，沒有看譜地彈了起來。那晚我請她吃西餐。

她也參加學校辦的鋼琴比賽。多年後我問起她那年的比賽，她說得了第二名，她訝異我不記得了。我說我不記得名次，但我記得她彈得很好。

音樂活動她也很熱烈地參與，不只如此，學校的學生活動，她會邀我一起去。

那次很多名歌手來到學校辦演唱會，一堆人在排隊，她拉我排除萬難地擠到入口，「兩位。」她說。

管理員向我們要學生證，我一時慌張說沒帶，管理員叫我靠邊站，小君沒好氣的說：「她是老師啦！」

她的老家也在鄉下，一次放假她帶我去玩，一望無際的菸草田，家家戶戶的院子曬著菸草，空氣中有微微的菸草香，和咖啡的味道不大一樣，但聞了就不想離開。她的小表妹看到有客人，開心地牽我的手到田裡散步。

小君指著一片田說，那塊是她的，我不禁笑了，小表妹也指著另外一邊說那是她的。暮色漸漸拉下，田裡的小廟前幾個老人在聊天，蛙鳴處處，好一幅農家樂。

我們談起畢業後她當小學老師的志願。她說：「老師，你看，我們鄉下孩子小時候就在田裡跑來跑去，也沒有上什麼雙語幼稚園，還不是長得好好的！」我笑著同意她，想起爸爸。

後來，我離開台灣又去了美國，對台灣的學生依依不捨。小君常常寫信給我，有時也打電話來，知道她過得很好，台語已經難不倒她，眼看她要畢業，我問她有何打算。她說想去法國讀書。我問為何是法國，到美國的話我可以幫她。她笑笑說那是她的夢想，我才知她自己一直在進修學法文，暑假時更是每天通車到台北上課。大學畢業後，她申請到法國的學校，一圓她的留學夢。

我非常佩服她，一個新環境和新語言，這是多麼的不容易，不過我想到她剛到台南，也是聽不懂台語，我知道她一定做得到。

她在法國時，常常會打電話來問候我。一次她在準備音樂學院的鋼琴入學考，說真希望我可以幫她上課。我靈機一動說她練好後可以打電話來，我在這兒可以看譜聽她彈，給她意見，雖然這樣上課會有些落差，但我想多多少少會有幫助。她聽了好高興，馬上約了時間上課。

我們就這樣，「千里之外」地上起鋼琴課。

從她的樂聲裡，我聽出了以前沒有的東西，多了在異國不為人知的辛苦，多了毅力和勇氣，而少了大學時的害羞。

在電話的這一端，小君的琴聲從巴黎款款傳來。他們說巴黎是浪漫之都，去巴黎讀書好有氣質，但我也知道，在這背後有多少的辛酸和努力。

幾年的光陰，小君拿到學位，回國教書。

她的信總是熱鬧無比，教小學生學直笛（小朋友叫公用的直笛是「燕窩笛」，因為都是別人的口水），教小朋友唱周杰倫《蝸牛》當畢業歌，每天都在「一步一步往上爬」。有小朋友愛抓昆蟲當寶獻給老師，花容失色的她不忘說謝謝。

我每次讀，每次都覺得教書真是很特別的職業，因為小朋友的世界是這麼不同，透過他們的眼睛去看這個世界，如小王子看不同的星球，看大象在帽子裡。

當我又回到台灣開始教琴，一天她打電話來，告訴我她很喜歡我寫的〈天上的波妞〉，她頓了一下說：「老師，其實，自從你回來，我就想再繼續和你學琴，但總是害怕自己不夠好，直到我讀了這篇文章，想想，是我該鼓起勇氣來問你的時候了。你願意教我嗎？」我想都沒想說當然願意！

每個禮拜，她上完一天的課，從另外一個縣市坐客運來到台北上課。她的表現從沒有讓我失望過，甚至超過我所預期。

這樣的毅力，讓我想起在巴黎時的她，孤軍奮鬥，勇往直前，知道只要她愈努力，學到的東西就愈多。我只怕自己沒有教得更好。

上完課，我們走出琴房，「看！」我指著遠處的彩霞，襯著盆地的山影和高樓大廈，在台北的天空下，我們讚嘆。

她笑笑地看著我說：「老師，這真是很棒的琴房，有天、有山、有白雲，還有蕭邦。謝謝你。」

我想告訴她，其實，她教給我的比我教給她的還多。

她讓我知道什麼是毅力，什麼是堅持，以及何謂資優生。

The fact is that she has taught me much more than I've ever taught her.
She has shown me her determination and perseverance.
Most importantly, she demonstrates what a "gifted" student is.
其實，她教給我的比我教給她的還多。她讓我知道什麼是毅力，什麼是堅持，以及何謂資優生。.

天生一對

她們對彼此的進度都暗中較勁，雖然我處心積慮地給不同的教材，也讓她們彈四手聯彈，但我知道一場無聲的戰爭正默默的進行著。

茉莉和莉莉是雙胞胎，開始和我學琴後，她們的同學比我還興奮。老師，你能分辨得出她們嗎？那口氣非常挑釁。

我非常心虛地回答，「再給我一些時間，我就可以做到的。」

「哈，那表示你還分不出來，我們早就可以了，學校老師也比你行喔。」

輸人不輸陣，我對人的面孔通常過目不忘，而對新學生我總是很認真的記住他們和家長的名字，但這對雙胞胎真是有些考驗我的能力。

茱莉和莉莉根本是同一個模子印出來的，個子比同年紀的孩子小，個性害羞，說話非常的秀氣。媽媽很保護她們，再加上她們身體不好，很少像其他的小朋友在外面玩耍，所以有些蒼白。

她們的同學倒是很喜歡她們，來上課不忘考我辨識茱莉和莉莉的能力，還常向我報告這對姊妹大大小小的事。

「她們這學期又是前一、二名，每次的啦，不是姊姊第一名，就是妹妹。」我想她們之間是否有瑜亮之爭。

我很謹慎地為她們選教材。上了課後，更了解兩姊妹個性的不同。她們很相像，但也很不一樣。

姊姊茱莉比較穩重，說話前會三思。她的微笑是靦腆的，是若有所思的，但真逗她笑了，她不會遮掩；妹妹莉莉比較直接，有話直說，先問了再說。

她們對雙胞胎的特別身分非常自傲。當你特別點出來的時候，她們會轉轉大眼睛，動作一致地點頭說：「是的，我們是雙胞胎，但出生時間只差五分鐘。」

姊姊很認真，學一首新曲子比較慢，但她不怕我一再示範直到她懂，直到她跟上，跟不上時她也會沮喪，大眼睛眨啊眨，眼淚就要掉下來。妹妹反應比較快，可是比較沒有耐心。

她們對彼此的進度都暗中較勁，雖然我處心積慮地給不同的教材，也讓她們彈四手聯彈，但我知道一場無聲的戰爭正默默的進行著。

那時琴房裡有一堆神奇寶貝，一排排出來很是壯觀。小朋友看到它們，常興奮得連話都說不清楚。得知他們彈得好時可以得到神奇寶貝當獎品，那練琴的勁比什麼都大。

而當中我有一對花姊妹神奇寶貝，我是這樣稱呼它們，它們像是森林的精靈，穿著樹葉，頭上戴著花冠，非常可愛。我喜歡把它們面對面擺著，像在照鏡子，也像兩姊妹相依偎。

雙胞胎在第一場鋼琴演奏會上，表演了獨奏和四手聯彈，雖然是第一次上台，兩人的表現非常好，小小的個子潛力無窮。

她們再來上課，我把花姊妹神奇寶貝給了她們。我一直認為這對花姊妹不能分開，於是給茱莉和莉莉是最適合的，一人一個，永不分離，希望她們能常常彈琴給花姊妹聽。

過了一個寒假，再看到她們，只剩一個。

媽媽說妹妹沒有興趣繼續學鋼琴，想去學吉他，但姊姊喜歡鋼琴，會繼續學下去。我心想這樣也好，兩人有不同的樂器，或許瑜亮之爭情況會緩衝些。

她們的住處離我家很近，開車不到五分鐘。媽媽會先載姊姊來上鋼琴，再帶妹妹到音樂教室學吉他。後來媽媽帶姊姊來上課時，姊姊紅著眼睛給了我一張卡片。

我問怎麼了，媽媽說她這樣接送很麻煩，所以也在音樂班為姊姊報名了鋼琴課，她比較省事，所以姊姊以後不再來了。

茱莉聽了抽噎了起來。我抱抱她說沒有關係，好好練琴，照顧花姊妹。

上完課，茱莉和我說再見，我謝謝她的卡片。後來學生告訴我，茱莉還在學琴，常在才藝表演會上演奏，而莉莉吉他也學得不錯。

我很高興知道她們學得很好，每次看到我的神奇寶貝缺的那兩個位置，我都會想起她們，不知她們可好，是否還常彈琴給花姊妹聽，是否，是否偶爾也會想念起我？

一百分vs.負二分

席玲聽了笑笑說D不算什麼。她在法國讀書時，拿過負二分！負二分？我和盈盈大叫。

好一個冬日，太陽出來了，一掃幾天前台北的陰冷，和朋友盈盈及席玲聚餐，好友相聚格外開心。我們坐下點了菜後，迫不及待地聊了起來。

席玲很忙，剛從香港回來，她當法文口譯，一早就得陪在老闆身邊當翻譯，法文譯中文，中文再譯法文。而盈盈參加學術研習會，也和我們分享心得。

我們三個女人有說有笑，談及學校及學生，把我們帶回了各自的學生時代。

盈盈高中時成績很好，沒有不及格過。有一次她拿到考卷竟是紅字，心中正高興可以安慰常拿紅字的好友，結果全年級加分，她就及格了。「可惜啊，不然，我就有不及格過了。」

她一說，我和席玲面面相覷，一時之間不知如何答話。

我說我有拿過一次D。那是在美國的第一個學期修音樂史，第一次寫報告不大會寫，也抓不到重點。看到D時心想好吧，這會是我在美國拿的最低的成績，反而是必修的音響物理拿了B。

想到第一次看到紅字時是在國中，不知是數學還是理化，我覺得事情大條了，爸媽看到時，嚇了一跳，因為他們從小讀書沒有看過紅色的分數。

他們彼此安慰，我盡力了，我的強項不在此，後來一個紅字變兩個、三個，他們也習慣了。妹妹上了國中，有了我打先鋒，她成績單上出現紅字時，爸媽不再覺得驚嚇。成績單拿來，簽了他們的名字，要我們好好加油。

席玲聽了笑笑說D不算什麼。她在法國讀書時，拿過負二分！

負二分？我和盈盈大叫。

她笑說是的，那是一堂英國文化課。教授是從英國牛津大學來的交換教授，派給他們的作業是社會福利進化史，大家都寫得很差，上課時老師就發飆了。

「這次最高分是八分！八分!!你們是怎麼寫的？頭腦裡是裝什麼？你……」老師叫了一個英國人，要他站起來。「你是英國人，看你寫得這麼差，根本不配當英國人啊！」「重點啊，你們要抓住重點，回去重寫。」

盈盈說那以商數來看的話，平均起來，席玲的成績並不算低，然後呢？我急急地問。「老師就把大家罵了一頓，下課休息，大家都跑出去，討論拿到的分數，法國同學說她拿到的可能是全班最低的分數——負十三分！大家一邊抽菸一邊罵老師，分數給得如此苛刻。上課鈴響，大家又都乖乖地進教室，再聽老師的教誨。過完暑假，老師就回英國教他牛津大學的資優生了。」我們大笑。

所以，分數最終不過是一個數字。它代表了那個時間點你的學習成果，它是你和同學之間的一個平均值，如一百分和負二分。知道自己在哪裡，有進步的空間固然重要，但一個分數代表的也就應該停在那一點。

因為後來，席玲就很會寫報告了。她的報表簡直是藝術品，而我研究所也讀得不錯。我也喜歡盈盈分享的一個小故事，高中時她的成績可以進數學資優班，但她選擇進普通班。一次數學競試，全校只有兩個一百分，其中一個就是她。

現在回頭看以前的成績，那時非常在意的D或是負二分，好像很久遠了。

席玲說：「是很久遠啊，你不看看我們幾歲了？」要是可以回到以前，找到為著不及格成績發愁的我，我想告訴小時候的我，小朋友，你一切都會好好的，以後長大，你會認識得過負二分的朋友，和選擇不讀資優班的朋友，會以他們為榮。

不是因為他們得過的成績，而是因為你們的友誼和可以擁有這樣的一個下午，感到無限的幸運與幸福。

玫瑰的名字

我記得我的學生密妮十一歲時，在暑假學了《Somewhere over the Rainbow》。

密妮剛開始練得有些辛苦，她追求更好，如在追尋彩虹盡頭的喜悅。

一個月以後，她把那曲子變為她的。

讀者寄了一封E-mail來，標題是〈美好的事物〉。我打開來看，是一連串的照片組合成的一則新聞。

一個大雪紛飛酷寒的一月天，在美國華盛頓的地鐵站，有個年輕人穿著普通，拿著一把小提琴，在地鐵站的一個角落，擺好姿勢後，就開始拉了起來。

一時之間，地鐵站傳出了美妙的音樂。

他拉了巴哈、舒伯特、馬斯奈等音樂家的音樂，拉得忘我，而來來往往的行人，行色匆匆地走過，很少人停下來聽。

其中對他最感興趣的是一個小女孩，她正要停下來聽，就被媽媽拉走趕車去了。在他拉琴的四十五分鐘裡，他賺了三十二塊美金。

其實他不是街頭藝人，他是有名的小提琴家Joshua Bell。要聽他的演奏，通常是一票難求，而那天他拉的是一把一七一三年製造，價值約台幣三億的名琴。

這是「華盛頓郵報」做的一個實驗，要測試人們的品味、知覺及行為傾向。

我讀了覺得有趣，玫瑰不叫玫瑰，依然芳香如故。

我相信Joshua即使沒有在音樂廳表演，他的琴聲也是那麼動人。像《小王子》的故事，當一個科學家沒有穿西裝打領帶，沒有人肯聽他的理論，但當他穿著正式，就有人當他一回事了。

只是在地鐵車站，趕車的人是沒有心情好好欣賞音樂的，所以，再動聽的琴聲，也就充耳不聞了。這麼看來，欣賞音樂的地點看來似乎很重要了？

地點重要，時間點也重要。

以前帶學生到養老院義演，在我們到達之前，護士會把臥床的老人從病房扶出來，有的則用輪椅推出來。我告訴小朋友們我們可以來到這裡，為他們表演是我們的榮幸。我謝謝他們分享他們的才華。

觀眾們有的頭歪在一側，無法正面看他們，有的呼吸器發出聲音，有的沉睡著，護士長謝謝我們前來。我們開始表演，有的病人抗議了。「好吵，我要回房間去！」「啊，啊——」有的則尖叫起來，小朋友們都很鎮定地彈完曲子。

看到老人的反應，我有時想，雖然我們彈得很好，但對他們而言，或許他們更需要安靜，他們要的是安靜的玫瑰。

我想起德州的沃斯堡市（Fort Worth）舉辦的世界級范・克萊本鋼琴大

賽，很多年前，我在德州讀書的時候，曾連續聽了兩個禮拜的預賽和決賽。

這個小鎮讓我見識到什麼是真正的音樂愛好者。在每一場的演奏會入口處都放置了一個裝有喉糖的小盆子。在演奏會開始前，大會會廣播教大家如何把咳嗽的聲音壓到最小聲。這樣的一個音樂會共識，讓每一場鋼琴演奏會達到盡善盡美的境界。而鋼琴音樂在那個小鎮有了新的意義。

我也常想，音樂之特別，要是沒有人把它彈奏出來讓我們聽到，它會不會就不存在了？它會不會就失去它的美？玫瑰不叫玫瑰，是否還依然芳香如故？

那天在台北市看到了一個完整半圓形的彩虹。我坐在天橋上欣賞這個神蹟，橋下車水馬龍，而橋上只有我一人。

我看了又看，看了又看，捨不得把眼光移開。這時我聽到《Somewhere over the Rainbow》的鋼琴音樂，彈琴的是一個小女孩，只有十一歲，她把看到彩虹的快樂及追求彩虹盡頭的幸福彈得淋漓盡致。我身邊沒有人，但音樂卻在腦海裡一直響起。

我記得我的學生密妮十一歲時，在暑假學了這首曲子。我們彈的版本生動有趣，曲子裡有很多爬高滑低的音階。密妮剛開始練得有些辛苦，她追求更好，如在追尋彩虹盡頭的喜悅。一個月以後，她把那曲子變為她的。

當彩虹終於消失不見蹤影，琴聲也漸漸消失，但我卻覺得彩虹盡頭的喜悅我完全享受到了。

在彩虹的盡頭，我看到一朵花，密妮把它變為玫瑰，別在我的衣襟上。我走下天橋唱起：

Somewhere, over the rainbow, bluebirds fly.
Birds fly over the rainbow,
Why then oh, why can't I?

彩虹讓我聽到音樂，而青鳥讓我看到了彩虹盡頭的美，也聞到了玫瑰的香味。

如果回憶像風

我小心地把考卷折好，深呼吸，準備好了，才慢慢打開考卷。

我先看到一個數字，很不好的數字，沒力氣的一個2，我整個心都沉了下來。

五月的夜晚，和朋友走在巷道裡，微風吹來，空氣裡有淡淡的桂花香，抬頭可望見一輪明月。最近和朋友一起研究了教養類的書籍，我讀了游森棚的《我的資優班》，朋友讀了陳之華的《沒有資優班》，這些書都為台灣注入一股清流。

看看書店裡教養類的書籍，台灣的教育似乎還是停留在第一志願和名校的迷思。我談到最近想寫的議題，朋友說也想寫她的學校，走著走著她指著前方說，「瞧，那就是我的國中，很小吧。」

晚上看不清楚學校的樣子，路燈下大門已拉下，下課的學子陸續出現在巷口。我想當學生真是辛苦，這麼晚了才下課。

她問我，我的國中是什麼樣子。我說也是小小的不怎麼大，但是不知道為什麼，後來就變成明星學校了，而且一直擴建，本來的後門變前門，還加蓋了花園和游泳池。上次回台南，路過了卻一點都認不出來。

朋友問：「要是你的國中邀請你回去演講，你要說什麼？」我一時之間說不出話來，笑笑說不知道我會不會去，因為那畢竟有著成長中最不愉快的回憶。

朋友開玩笑地說，那把打過你的老師叫出來，我也笑了。笑過後的臉卻凝結住，不知道怎樣的表情可以掩飾心裡的感受。幸好是夜晚，我不用擔心朋友會看得太清楚。

我的國中離我的國小很近，走路上學不到十分鐘，但對我而言已是一個新的世界。習慣了六年的小學，像一個有保護罩的兒童樂園，我離開步進了一個新階段，能保護我的只有我自己。

而後來，我學到能保護我，不讓老師們冷嘲熱諷進而體罰的，卻是我所沒有的東西——好成績。

去年我回台南看姑姑。一早我們散步走到了國中，穿過學校的後門和高大的椰子樹，到了教室，我停下來向裡面望去。桌椅整齊地排列著，掃地的工具放在角落處。看著看著，我眼睛熱了起來，把眼光移開。

我看到一排排的學生，走到講台前排隊等著被老師處罰。「你現在會恨我，以後就會感謝我。」他們說。

而這麼多年來，每次回憶起這段時光，從來沒有一次我想到這些打過我的老師而感謝他們。倒是有一個老師，一個分數，讓這不堪的一切，沒有跌到谷底。

那是化學課，一個章節剛開始，我都聽得懂，但基本的教完了，馬上就跳級式地進到艱難的問題。我很努力地聽，努力地去了解，但就是沒有辦法。

我也問了同學，像變魔術般地，她們可以把一個題目，用幾個方程式幾分鐘就解了出來。「就這樣啊。」同學把題目推回我眼前。

「謝謝。」我吞吞吐吐地說，因為我還是不懂。

而化學的成績開始出現紅字，爸媽這輩子在成績單上還沒有看過紅字，但他們也知道我的強項不在這兒，常鼓勵我，也幫我找補習班。我當一隻鴨子聽聽雷聲，等下課鐘響起，就可以回家。

導師可能看不過去了，要求化學老師開導開導我，我硬著頭皮去實驗室等她。

化學老師一頭短髮，俐落大方，一年四季都穿長褲，很帥氣。她說話的聲音很輕柔，常會說些笑話逗我們，讓沉重的聯考壓力有些出口。

實驗室裡擺著讓我退避三舍的儀器。每次的實驗總讓我一個頭兩個大，數據總是錯，和課本上的範本搭不上關係。

一次實驗裡量杯過熱，在清洗時破裂了。老師馬上過來，要大家小心，不要傷到手。我想量杯會多熱，一遇水而破裂？正在胡思亂想時，老師進來了。

我馬上站起來叫老師好，老師笑笑要我坐下。她看看成績，沒有說什麼。

一陣子的沉默，我知道這不是小學了，不管怎麼樣，不能掉眼淚。

老師問：「上課聽得懂嗎？」我連忙說開始的時候都可以，只是後來就變困難了。一章章這樣惡性循環下來，當然，就愈離愈遠。

老師點點頭說好，要我先把課本的基本原則弄懂，其他的不要太擔心，有問題不要不好意思問她。我點點頭，老師要我加油。

走出實驗室時，想告訴老師，我不笨，我真的不笨，只是搞不懂化學，可是我也覺得老師知道我不笨，至少老師看我時沒有別的老師眼中的不屑。

再來就是期中考，我盡力了。各科老師發考卷時，總會再提醒我們一次，聯考要到了，考這種成績是考不上好學校的。

聯考，是生命裡唯一重要的事，所有的一切都向這個目標前進。燦爛的青春歲月，沒有一絲光彩，若找一個顏色代表它的話，我想灰色還嫌太亮眼。

化學老師進來了，發下考卷。考卷到了我手上，我的心噗通噗通地跳著。老天爺，我已經無法再承受一次的紅字了。不及格的分數，好像我這個人也不及格。

我小心地把考卷折好，深呼吸，準備好了，才慢慢打開考卷。

我先看到一個數字，很不好的數字，沒力氣的一個2，我整個心都沉了下來。二十幾分？不可能吧？有考這麼爛嗎？

我再打開考卷，看到2左邊的數字，是6——62分！我及格了。

我怔在座位上，我知道坐我前面的怡文是九十幾分，後面的婷婷是八十幾分，但是我，六十二分！我禁不住地微笑了。

我抬頭，看到老師也在看我。她朝我眨眨眼，給了我一個微笑。

朋友聽到這裡拍拍我的肩，我們相視而笑。她問：「那麼，你若回去國中演講，會說什麼？」

月光下，下課的國中學生三三兩兩地走過我們，我想起國中的教室，想到紅字的考卷，看到數學老師拿著藤條抽打我的手，腦中竟然響起四個字。「不要打我。」

我吃驚了，這麼多年的事，而且我又不是唯一被打的學生，回想起國中，想說的話，竟是如此不堪。

想起最近讀過的一本書《記憶vs.創意》，在闡述大腦裡的記憶很有可能隨著歲月，因著想像和實際歷史之間的互動而有所改變，所以，當初的記憶，就有可能已經不精準了。

我希望我的記憶是變了調的，我希望我記錯了，而且我多麼希望，如果，回憶可以像風。

After all these years, every time I recall the past,
I have never once felt gratitude toward those teachers who had mistreated me.
而這麼多年來，每次回憶起這段時光，從來沒有一次我想到這些打過我的老師而感謝他們。

聽爸爸的話

你知道台北家裡有二十本你的書。

爸爸在你出書的第一天就拿個小行李箱，到各個書店去「蒐購」你的書。

剛寫完一篇有關阿嬤的文章後，心情有些複雜，一補上網誌，我開始感到焦躁，不知道大家的反應會是如何，畢竟阿嬤過世對家人都是沒有說出來的痛。

我想起有一年的夏天，表弟大學畢業，爸爸帶著姑姑叔叔，表弟和表弟的女朋友一起去餐廳慶祝。大家說說笑笑，小堂弟還幫我們的對話錄音。後來一聽，全是笑聲，根本聽不到對話。

席間爸爸叫了盤台南炒鱔魚。菜來了，爸爸招呼表弟的女朋友說，「來，小姐，吃吃看我們台南的菜，希望他們做得像台南的口味，也希望你台北小姐吃得慣。」表弟的女朋友臉紅紅頭低低的，我們堂兄妹們看了都覺得好玩。

我記得小時候大家住在一起，阿嬤總愛在禮拜天自己擀麵條，中午大家一起吃麵。我吃得很慢，一碗麵總是愈吃愈大碗。

我不確定我的記憶是不是正確，問姑姑。姑姑笑說對的，阿嬤喜歡禮拜天這樣為大家做飯，她說著就眼眶紅了，爸爸挾了塊魚給姑姑。

我想我知道在等什麼，終於隔天我接到了爸爸的電話。

「老大，我讀到你的文章了，你可以從木瓜聯想到阿嬤，這很好，不過你要不要考慮看看，阿嬤的主題你寫很多次了，以後是不是寫些別的主題？比如說生活上的大小事，有特別感受的要記下來，可以當題材，這樣你可以寫得更好。」爸爸說。

我聽了，心裡有些不舒服，覺得辛苦的作品沒有得到預期的讚美。我告訴朋友海倫，她聽我說完後說，她一直覺得她爸爸不認同她的成就。

她說我知道我爸爸對我很失望，因為他認為我是家中最聰明的，哥哥弟弟們都有博士學位，就我沒有，但我自己知道我的成就就好。

海倫笑笑地說：「其實家人的互動模式，很難改變。我相信你爸爸很以你為榮，只是他表現的方式不一樣。」

我趁有時間打電話給媽媽，她聽我說完後說：「老大，你太急著要得到爸爸的肯定，而他太急著要你更好。你有沒有想過，或許你的文章寫出爸爸心中的痛？所以他要你寫些別的。而且你也知道爸爸啊，他一輩子的目標就是如何更好，如何讓自己精益求精，突破現狀。」

是的，這是爸爸一生堅守的意念。

當他從師範學校畢業，他覺得當小學老師的收入不夠家用，就自修考大學，沒有錢去補習就想辦法自修，這樣考上了大學。而做事多年後，又自修考上公費留學。他一直督促自己，如何可以更上一層樓。

「所以，老大，爸爸這樣說你，並不表示他不肯定你。其實，爸爸很以你為榮，我們都很以你為榮。你也知道爸爸當久了，和你說話，想到的就是如何讓你更好，那並不表示他不肯定你。你知道台北家裡有二十本你的書，爸爸在你出書的第一天就拿個小行李箱，到各個書店去『蒐購』你的書。」

媽媽停頓了一下，嘆了口氣說：「而你一定要知道的話，爸爸那天讀完你的文章……他哭了，我趕忙拿了面紙給他。」

我在電話這頭，眼眶紅了。媽媽說：「你好好寫，爸爸每次讀你的文章，總是搖頭讚嘆：『我的女兒真會寫。』這樣你知道了吧。」

我掛上電話，為自己的幼稚無知感到萬分愧疚，想到了《聽媽媽的話》的歌詞：我知道你未來的路……不想你輸。

於是，我坐到電腦前，準備寫下篇文章，我要繼續寫。因為，爸爸，我會聽你的話。

人生轉彎處

她把手打開說：「你看，手會不會太小？」
我把我的手比上去說：「你看，我的更小。」她放心了些。

小楓的來信很小心客氣。她從小就想學鋼琴，但一直沒有機會，現在自己當家，經濟獨立了，想起一個遙遠的夢想，叮叮咚咚地在呼喚著她。

她寫信問我即使一點基礎也沒有，可以上課嗎？我歡迎她，告訴她何時開始學琴不是重點，重點是動力，及一顆想學習的心。

她說這些她都有，我說那我們還在等什麼？

她來上課的那一天，我到路口接她。她一臉的笑容，馬上化解了兩個陌生人初次見面時的尷尬。

第一堂課我簡單地介紹了音名、手型和彈奏的方式。小楓很認真地學，一點都不想錯過我說的每一個細節。

上完課後，她迫不及待地和我約了下一次的上課時間，我也很期待上她的課。

她再來上課，仍是一臉的笑容。「老師，我先告訴你，我上班後的時間和體力真的很有限，但只要有那麼一點空檔，我就會練習。」

其實她不告訴我，我也知道，有些東西老師就是知道。她小心地翻起琴譜彈給我聽，小楓的手比較小些。我告訴她每一次的練習，手指就會更有力氣，這個急不來，也不須著急的。

她把手打開說：「你看，手會不會太小？」

我把我的手比上去說：「你看，我的更小。」她放心了些。

「是這樣的，老師。我和我的表妹一起租房子，我們都在台北上班，表妹從小家境比較好，五歲就開始學鋼琴，檢定一路考，考到了很高階。她看我來上課，說我這麼大了一定學不好的，又說我的手太小了無法彈。我上完課，回到家很興奮地要練習，她看我的譜就笑了，說這是小朋友的譜。所以她在家的話，我就不好練習。」

小楓說表姊嫌她的譜太簡單。

「那表姊現在還有在彈琴嗎？」我問。「沒有了。」小楓回答。

我告訴小楓，表姊從小學，相信她有一度彈得很好，但沒有持續下去，讓它成為生活的一部分。多早的起跑點，似乎沒有什麼太大的影響力。

「你好好學，現在開始也不遲的。」我說，她靦腆地笑笑。

她告訴我，她也是南部人，每個月會回去幾次看爸爸媽媽。她是家中的老大，職校畢業後，在台北找到工作，轉眼也十年了。

一次她上完班來上鋼琴課，一身摩登的打扮，我才知道小楓是公司裡的主管。

她告訴我，其實她最近想換個跑道。「我工作了十年，也小有成就，但我想生命應該不只是這樣……我想休息一陣子，也想出國進修，換個工作。」我為她加油。

她嘆了一口氣說：「你知道嗎？我告訴同事們，沒有人肯聽我說，和老闆溝通，他們則認為我在耍花樣，想要加薪。老闆甚至告訴我，我們公司待你不薄，你不要去追求一些有的沒有的，又去學日文，又去學什麼鋼琴，那些都是退休的人在學的，你要有衝勁啊，你還年輕，繼續待下去，我們保證可以給你更高的職位。」

她聳聳肩，說：「為何別人談論你的生活，好像那是他們的生活？為何他們說起來臉不紅氣不喘，完全知道而且確定我下一步要怎麼走才對？而我的聲音他們完全沒有聽進去。」

「工作了這些年，我了解到自己追求的快樂和別人不一樣，我不買名牌包包，因為不是名牌的包包更好用；上班後我不應酬去學日文，因為我寧願把時間花在這上面；週末回家看爸爸媽媽，因為家庭對我很重要。而我需要休息一陣子，因為我快要找不到自己了。這些別人的聲音，快要把我淹沒。」

我拍拍她的肩膀，說：「所以，你在這裡學鋼琴，用別人認為很小的手彈著你的夢想，你知道這是你轉彎的時刻，回頭看往前看，知道別人無法過你的日子，因為你是你自己。」

她抬起頭看著我，笑了，把手擺好說：「準備好了嗎？我要彈貝多芬的《快樂頌》了。」

年假後，有一些日子沒有看到小楓，她來信告訴我已經決定工作到二月，然後要到美國找朋友，休息一陣子。

「老師，你一定想不到，我新工作也找到了。這個工作沒有更高的薪水，也沒有更高的職位，但它卻讓我可以更靠近重心——我的家。新工作在南部，我就可以搬回家了。想不到繞了一圈，又回到了家鄉，我想我找到了我要的。」

她信尾畫了一個笑臉說：「還有，我會常出差上台北，所以我會繼續上你的課。」

在早晨的陽光下讀她的來信，桂花開得正盛。

我想起聖經上的一句話：「在後的必在前。」我了解了她的微笑為何可以那麼不一樣、那麼燦爛，因為她是她，知道沒有人可以取代。就這麼簡單。

而這個轉彎處，她已經走過，勇往直前向前方出發了。

親情拿鐵香

我歪歪斜斜地一邊打傘，一邊騎著腳踏車，騎到了十字路口，看到了爸爸！
在雨裡他像一座銅像佇立著，不知道他等了多久。

早上一起來，聽到爸爸在廚房準備早餐，閉上眼睛可以想像他準備了哪些東西，一定有水果、麥片和酒釀桂圓麵包，或許還有一些燙青菜。

爸爸吆喝著：「老大，起來泡咖啡了。」我到廚房，「爸媽早。」媽媽把餐具排好。

「你泡的咖啡最好喝了。」爸爸遞給我咖啡粉，媽媽說她也要喝一點，還要我準備熱牛奶。

我量好咖啡的量，把水倒入咖啡壺裡，咖啡機開始噗噗地響了起來，接著把冰牛奶倒入平底鍋加熱，爸爸囑咐我不要熱過頭了，我說我會小心。

看著牛奶慢慢起泡，我趕快熄了火，把它倒入杯子，杯子燙手，我趕忙放下，把手按在耳垂上。「太燙了，是不？」爸爸問，我一時回答不出來。

那時我多大？國中吧，總有補不完的課業，數學、理化、英文，這些課程都在晚上。每天一早上學，上完一天的課後再去補習，不到九點回不了家。幸好有很多同學也一起補習，就不覺得累和辛苦。

補習完回家，洗個澡吃個飯，就又開始複習功課。爸爸媽媽會來關心一下。「需要幫忙嗎？不會的可以問我們。」他們說。

通常寫完功課，還有要訂正的考卷，不到半夜做不完。

不過我從來不覺得一個人在奮戰，因為每當半夜肚子餓的時候，很神奇的，爸爸總會在這個時候來敲門，打開門，一杯熱騰騰的牛奶端了進來。

「謝謝爸爸。」我開心地說。「不要太累了。」他轉身出去時幫我帶上門。我闔上書，兩手碰到杯子，手跳開，才知這牛奶是滾燙的，想必是爸爸煮了開水泡的。香濃的牛奶上層浮著奶粉塊，我總喜歡慢慢的喝，還可以嚼牛奶塊，像牛奶糖一般甜。

喝完了一大杯的牛奶，我可以再讀上一個小時。第二天一早，國中生又開始漫長的一天。

一次我去補習，下起了好大好大的雨，上完了課，我站在路邊，雨水一直打在我身上，而我沒有帶雨衣。

同學建議不如我們先去書店看看書，等雨小一點再回家，我想想也好，便到了附近的書店，一下子就完全沉浸在「課外讀物」裡了。

我們一本看過一本，等我回過神，才發現時間不早了。外面的雨沒有比較小，反而愈下愈大。同學有傘也有雨衣，便把傘借給了我。

我歪歪斜斜地一邊打傘，一邊騎著腳踏車，騎到了十字路口，看到了爸爸！

在雨裡他像一座銅像佇立著，不知道他等了多久。我騎到他身邊叫「爸爸」。

爸爸看到我，問我怎麼這麼久，他很著急，不知道我發生了什麼事。

我說我沒有帶傘，本想等雨比較小，就先去書局。爸爸把雨衣給了我，要我穿上，我謝謝他，把雨衣穿上。

一路上爸爸沒有和我說話。我想爸爸一定很生氣，一直擔心我出了什麼事，而我卻跑去書店。

到了家，媽媽出來看我，問我們發生了什麼事，怎麼這麼慢才回家。

爸爸什麼都沒說，上樓去了，我小聲地告訴媽媽我讓爸爸等了很久，因為我跑去書店，沒有先回家。媽媽要我趕快去洗澡，不要著涼了。

晚上我在房間寫功課，感覺非常非常的愧疚。

在大雨裡，爸爸一定等得很急，等了那麼久就是沒有看到我，難怪爸爸會生氣。我的肚子叫了起來。「今晚沒有熱牛奶可以喝了。」我難過地想著。

這時有人敲門，我打開門，是爸爸！他把熱牛奶放在桌上，門帶上就走了，什麼也沒說。

看著牛奶，「爸爸，對不起讓你等。」我想這樣說，但眼淚不爭氣地流了下來。端起牛奶，冒上來的熱氣讓我一時看不清。

「咖啡好了嗎？」我說好了，端起牛奶，冒上來的熱氣讓我一時模糊了視線，我眨眨眼。

媽媽把我手上的咖啡和牛奶接了過去。爸爸為大家倒咖啡和牛奶說，喝喝看，應該不會太燙。

我喝了一口說：「一點都不會，溫度剛剛好，謝謝爸爸。」

他聽了很高興地說：「我就說嘛，老大最會泡咖啡了。」

媽媽放上音樂，一時之間韋瓦第的《春》充滿了整個空間，還有咖啡香。

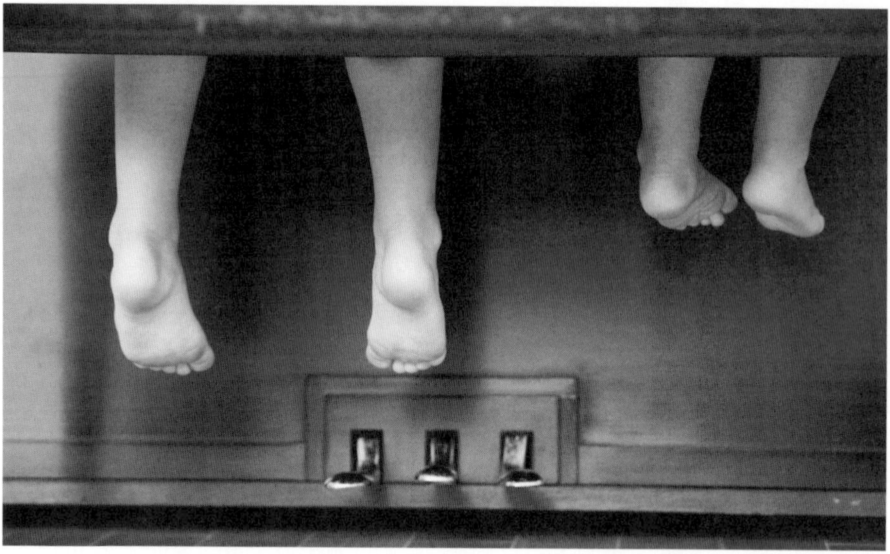

He stood in the rain as still as a bronze sculpture;
he lost track of time and didn't know how long he had waited.
在雨裡他像一座銅像佇立著，不知道他等了多久。

琴字這條路

我在家裡練琴，節拍器沒有電池，明明對面的五金行從客廳都看得到，但我只要大聲呼喊一聲娘，媽媽就會幫我過街買回來。

原來她那麼寵我，我現在才知道。

小菁是好朋友黛的表妹。黛很以這個表妹為榮，同是學鋼琴的，小菁小學就上音樂班，接下來考上了國中的音樂班，高中時更是以第一志願保送到高中音樂班，讀了一年後家裡就把她送到美國加州來。

黛很興奮地告訴我，希望同在美國的我，可以多多照顧她。我一口答應了下來，趁暑假有機會，到加州探親時也順便去看看小菁。

小菁在加州讀藝術高中，所有的學生不是學美術就是學音樂。我們約在帕薩迪納的舊城見面，不敢相信印象中的小朋友已經亭亭玉立，像個小淑女了。她害羞地叫獅子姊姊，我請她喝咖啡，點了一盤貝殼餅乾。

加州的陽光好得不像真的，兩旁的藍花楹開滿了整個紫色的天空。一陣風吹來，把步道也染成夢幻紫。我問小菁在這裡還適應嗎。她微微點點頭。音樂是世界語言，她從五歲開始就會的語言，這不是難題，難的是小小年紀的她要離鄉背井，說起英文，住舅舅家。

她說舅舅家很大，有台大鋼琴，因為表妹們也都學鋼琴。「那你們練琴會有衝突嗎？」她說她都盡量在學校練琴。

她談起她會考要彈的曲子，我聽了便笑了，因為那根本就是大學程度的曲目，但對音樂班的學生，這已是家常便飯。

她說沒錯，因為她小學已經練過蕭邦，不過，不同年紀彈，有不同的體會。

我笑說，「你也才多大，會有多大不同的體會？」她笑笑，那微笑裡有些不屬於她年紀淡淡的憂傷。

「和舅舅住得習慣嗎？」我問。

她想了想說，「還好，畢竟不是自己的家。現在想想，小時候真是被我媽媽寵得不像話，我在家裡練琴，節拍器沒有電池，明明對面的五金行從客廳都看得到，但我只要大聲呼喊一聲娘，媽媽就會幫我過街買回來。原來她那麼寵我，我現在才知道。」

我拍拍她的肩膀，遞給她最後一塊貝殼餅乾。「你不吃，我要吃光了。」

她笑了，接過去吃掉。我問她大學要申請哪裡的學校，她說紐約的音樂學院，我祝她好運，她說她好想家。

再看到她，是在紐約了，她真考上了紐約的音樂學院。

我那時在準備和交響樂團合奏的《藍色狂想曲》，請她幫我練合奏，當我的第二鋼琴，她說好。她收到譜後，打電話告訴我，她一夜沒睡好，怕練不好。

我說，「你住在紐約，那就是紐約的聲音。你呼吸的就是紐約，怎麼會彈不好？」後來她說她起個大早，練了一個禮拜。

七月的紐約溫度計常破表。小菁警告我，她學校有雙鋼琴的教室，我們雖然可以練習，但裡面沒有冷氣。於是我們約在九十六街，亮晃晃的陽光刺眼得讓人睜不開眼睛。

小菁走向我時，我沒有認出來，她一頭長髮，波希米亞風味的上衣和長裙，完全是一個紐約藝術家的樣子，我驚呼。

她看到我，先抱怨《藍色狂想曲》有多難，再抱怨紐約有多熱。我說，「咦，你這還滿像愛挑剔的紐約客呢。」

音樂教室真的沒有冷氣，也是難以想像的熱。開窗戶的話，外面車水馬龍聲可以蓋過鋼琴，關上的話，準悶死人。

「你自己選，看是要吵死，還是熱死？」她問。

我說，「好吧，為了音效，那就悶死吧！」我們決定快快彈過一兩次，最快三十分鐘可以結束。從此，《藍色狂想曲》給我的狂想就是一杯冰水。

記得才彈幾頁我已經汗如雨下了。小菁很認真地彈第二鋼琴，正當我們練得不可開交，有人敲門，是警衛。「你們在幹什麼？」練琴啊！

「你們不能在這練習，這是預約給夏令營學生的教室。」小菁說好，我們馬上就走。

等警衛一走，我們又開始，警衛這次破門而入，「你們現在就得離開，現在！」他一說完，當場拿出對講機對樓下的警衛說：「現在有兩名東方女子要下樓了，請注意。」小菁說：「要走了要走了，不用廣播。」

我們一面走下樓，那警衛跟在我們後面，深怕我們又回頭來練琴。他一直護送我們到大門，我們一走出去，門砰地關上。

「怎麼？只有夏令營的學生是人嗎？我們就不是人？」小菁大聲地對門大罵。

我刮目相看，幾年不見，這小妮子英文已經非常流利，現在更是滔滔不絕地在宣示她的權利。

「走吧，我請你吃飯。」我說。小菁高興地說她要煮飯。

我說：「你瘋啦？這麼熱的天，還煮什麼飯？我請你。」她很堅持，甚至興奮地告訴我她昨天才去中國城買了甜不辣，一定要炒來吃。

我拗不過她，只好跟她回家。她住在一棟公寓的五樓，一個小單位，說小還不足以形容它的迷你，和室友共用衛浴和廚房。

她要我隨意找地方坐，拿了本《葛林斯潘》的傳記給我。「他也彈鋼琴呢。」我坐在廚房地板上，翻起那本厚重的書，小菁忙著煮飯切菜。

「甜不辣呢，好久沒吃了。」她興奮地拿著甜不辣切了起來。

「和白菜一起炒，一定不錯。」我看她在那麼熱的廚房忙得那麼開心，也跟著她開心起來，為著那中國城的甜不辣，為紐約的夏天，和《藍色狂想曲》。

「好了！」過了很熱的三十分鐘，飯煮好了，菜也炒好了，我們盤腿而坐，兩個人兩碗飯三道菜。她告訴我，她上個學期上了堂很棒的課，就叫「威尼斯」。

威尼斯不只是藝術重鎮，更是音樂上很重要的地標。那個老師不只講解音樂，更教授了威尼斯的歷史人文和文學。

「最棒的是，學期結束，老師就組團去威尼斯。」

「哇！真的？那你有沒有去？」小菁發亮的眼睛，頓時暗了下來。「沒有錢。」

多年後再見面，是在台北。小菁回國了，我們約在星巴克，叫了咖啡和貝殼餅乾，窗外望出去是火紅的木棉花。

她拿到學位後，回到台灣，發現要在台灣的教育體系下教書，必須有「教育學分」，她一個從小在美國受美式教育的孩子，硬著頭皮去考試，也讓她考上了。

我看著她，想起《魔女宅急便》裡的小女孩。十三歲出去打天下，在異鄉飛得跌跌撞撞，摔得鼻青臉腫，過著不適應的生活，有很多只有她知道的辛苦和眼淚，但一回頭，那都是過去式了，迎接她的是耀眼的未來。

「這次，最後一塊餅乾是我的了。」她搶過去，我說儘管拿去，都是你的。這台北的天空，也都是你的了。

人之初，性本善？

由愛當出發點，一切由愛出發，才會開花結果。
我很後悔這樣發脾氣，我向學生道歉，我們重來。

我很少罵學生。罵，是一個讓我極不舒服的行為。被罵與罵人，我都希望我不在場。

記得小學老師只要叫我到教室外等她，我就知道她要訓話了，老師還沒有從教室走出來，我已經煩惱害怕，自責又內疚地哭了起來。老師還沒來得及開口訓話，我已經梨花帶淚，老師嘆了口氣，叫我回教室。

和朋友聊起這段往事。她說她也是，當大人要訓話，她也哭。

我問是不是她也覺得內疚，她說才不是。「你看，我很厲害會表演哭功，只要我不眨眼，不一會兒就會因為眼睛痠而冒出眼淚。這樣大人看了以為我哭了，就不會罵我。」她得意地說。

她問我都是怎麼罵學生。我想了想說，我很少罵學生，一來太傷身，二來效果不好。

我記得一回和最讓我傷腦筋的一個學生對質，我看他把父母親的心血和我的努力完全不當一回事，最讓我看不下去是他為了反叛我們，故意不彈琴，雖然他是少見的音樂天才。

而我苦口婆心，勸了又勸，後來我生氣了，語氣變尖厲，表情僵硬，身體緊繃。他嚇到了，我也嚇到了自己。

我想起國中的老師就是用這樣的口吻罵我。「這樣的分數，怎麼聯考？虧你還是A段班的學生。」那語氣和聲調聽了三年，夠了。

我停下來，走出琴房，試著冷靜下來。

由愛當出發點，一切由愛出發，才會開花結果。我很後悔這樣發脾氣，我向學生道歉，我們重來。

我也想起一次學生艾莉來上課，五年級的孩子，很聰明，伶牙俐齒的，很愛回嘴。我一再試著用不同的方式告訴她，這樣說話，尤其對老師是很不禮貌的。可能那天她心情不好，她豁出去了，說她才不管。

我生氣，我沉默了一會兒，說了一句很重的話。現在想起來，我仍然覺得很抱歉，也很愧疚。

朋友問我到底說什麼，她很期待地等我告訴她答案。

我嘆了口氣說，我告訴學生，如果她繼續這樣下去，我將不會喜歡她。

朋友沒有說話，她看我沒有接下去，問我，就這樣？我說，這樣就很嚴重了。學生當時就兩行淚了，即使我道了歉，至今仍覺得很抱歉。

朋友說那真是嚴重。我同意，她說她是開玩笑的，不敢相信我這樣溫和地說學生，「那不叫罵，叫勸導。我真擔心要是真的有人欺負你，你怎麼辦？」

我笑說其實有次我真的生氣了，說了我覺得最惡毒的話。朋友一聽精神來了，眼睛睜大，要我快說。

我說那次我整理了一堆衣服到二手店去賣，一到店裡，店員愛理不理的，而我抱著一堆衣服，她看到了，但也不打招呼。

我拿得重了，放在櫃台上，她馬上說：「請拿起來，這些衣服不知道乾淨不乾淨。」

我說都乾洗過了。她皺皺眉頭說得一件件看，她用手捏起一件襯衫，搖頭說不要這件，甩掉一件牛仔褲說不需要這顏色，最後我抱的一堆衣服，她一件都不要。

有人進到店裡，她手拍一拍，就去招呼客人了。

朋友聽到這裡，非常迫不及待地問我。「然後呢，你怎麼說？」我很生氣，把衣服收一收對店員說：「You are not a very nice person.」

朋友看看我，見我沒有要繼續下去的意思，問：「就這樣？」我說對。她開始大笑，笑到捧肚子，還一直笑。

「哇，笑死我了，You are not a very nice person！小心，獅子生氣了。」

想想，我好像也沒有這樣對店員說，只是當時心裡這樣想而已。朋友聽了更樂了，笑到流眼淚。

其實，我大可告訴店員我會的一些不好的字眼。只是真這樣做了，我想我會很不舒服，而她，我就原諒她了，算是我的報復。

朋友瞪大眼睛問我，這算哪門子的報復，我聳聳肩說，這樣想，心情就好多了。

想起爸爸極喜愛的一首詩：

春有百花秋有月
夏有涼風冬有雪
若無閒事掛心頭
便是人間好時節

想著詩裡的花啊、月亮啊、涼風和冬雪，這麼美的世界和時光，笑都來不及了，我也加入朋友的笑聲笑了起來，笑開天下古今愁。

後記一／

教琴與寫作

◎獅子爸爸

內人和我都是師範出身，是讀教育的。在獅子老師小的時候，我們並沒有要培育她將來從事寫作、教琴……的想法，一切順其自然，我們提供機會，她有選擇權，我們會尊重她的決定。國中畢業，她考上高中第二志願，也考上家專音樂科，我們原希望她循一般軌道，由高中而大學，可是她選擇念音樂科，因為她對彈琴很有興趣。

為人父母，我們想提供她多一些學習的機會，只要她有興趣。在民國五十年代，「國語日報」及其出版的童話書籍是很優質的兒童讀物，我們或訂或購來給她閱讀（近讀洪蘭教授的文章，始悉閱讀可活化腦細胞），冀望養成她喜歡閱讀的好習慣。我們也帶她去學畫、學鋼琴，目的很單純，只希望她在當時課餘及未來業餘之暇，能多一些自娛的選項，能讓人生視野更開闊。沒想到這些課外的學習，居然會成為她的主業及副業（鋼琴為主、寫作為副）。我想機會的提供、興趣的培養及潛能之激發應有相當之關連性。

獅子老師的國中歲月過得並不如意，學習本身應該是件愉快的事，可是在學校注重升學的年代，老師注重分數的觀念下，上學成為是種負擔而不是快樂的事。考試成績退步或沒有達到要求的水準，不是被打手心，就是被調整座位（由前排調到後排），身體有傷，心靈更受創。有次，老師問，昨晚有看《楚留香》的人舉手，全班只有她舉手，結果又被老師羞辱一番，還怪爸媽讓她看電視。其實那是她一天中難得可以跟阿公、阿嬤……全家人一起排排坐看看電視，一起歡笑，稍微放鬆的時刻。

所幸，這些學習背景給她的負面影響，反而造成她為師之後的正向力量。我們在她的書中，看到她與學生之間的良性互動，由了解、關懷及協助學生，到以學生為友、為師，她不以老師至上、權威自居，也就是學生的有些觀念、表現，也有可供她借鏡、反思之處。她對學生只要求盡本分，既然要學琴，就要練琴。敦促學生、鼓勵學生；但不苛責學生。學生彈琴彈得完美無失，固然可喜；有錯音也可接受，因為連大師也會彈錯音啊！

我們很欣慰的是，獅子老師找到及擁有她人生快樂的志業：教琴及寫作。前者不在於得天下英才而育之，而在於教學相長；後者不在於著書立說，而在於讓我們分享她的師生世界。祝福她未來的人生之路會更快樂、更寬廣。

後記二／

樂聲與笑聲

◎獅子老師

初夏的早晨八點，桌上的音響播放著貝多芬的奏鳴曲Op. 31 No. 3的第一樂章，喝著咖啡，隨著音符漸漸甦醒，我看著桌上那疊七十六頁A4的影印紙。想我存好檔案按下影印鍵時，不到五分鐘七十六頁的心血整整齊齊的印了出來，看著白紙黑字第一頁寫著《喜歡——掌握孩子主動學習的祕密》，我心怦然一跳，要出第三本書了，真難想像。

從不覺得我是位作家，可能是因為大部分的時間花在教琴上，而寫文章只是想在生活裡留下一些紀錄和回憶，沒有想過會出書，叫作家真的擔當不起。尤其是書桌上擺著另外兩本書：《聖經》和張曉風老師的《我知道你是誰》，而我的手稿不識相地躺在中間。當校稿累了，我會看看《聖經》上的經文，希伯來原文再翻譯成千千百百不同的語言，手上的是和合本譯本，「你的日子如何，你的力量也必如何。」千年前的教訓，今日還是一樣安慰著世人。

而曉風老師的書，被收藏在國外一流大學的圖書館裡，因為她的文字在兩百年後可能在華文的世界裡繼續被閱讀著，被感動著。我讀著她寫的自序，討論著寫作及文學的意義。對於讚美她的話，她想一直聽下去，但阻止自己這樣飄飄然的感覺，而對負面的評論也笑笑讓它過去，「以今日之我去與昨日之我較勁。」她寫著。我想著這句話。

我寫是為了要與昨日的我較量嗎？一面校稿，一面讀著自己寫的故事，這些小朋友一個個都是我生活上的小老師，他們教我如何從他們的眼裡看這個已經被我大人化的世界，他們提醒我日子可以這麼簡單，也一再再地從他們的笑聲裡讓我知道這世界有天使的存在。看著故事裡的小主角一個個長大，故事發生的當時，也不過是幾個月前的事，現在再想想他們已經長大了很多。不寫下來我會忘記，這麼多的笑聲與愛不好好地記下來，那生命會是黑白的。

我記得表妹告訴我，一次她在捷運上看到一位媽媽正讀著我的書給小孩聽，「媽媽，獅子老師怎麼說呢？快告訴我嘛。」那小孩等不及媽媽翻頁催著。表妹轉述給我聽時，我很感動。有時也會收到小朋友的信，說他們喜歡我的書，我都會特別開心。想著我第一本書朋友寫的跋〈一盞小燈〉，我想我就當那盞小燈吧，而我的書，是走過生命的文字軌跡，謝謝和我一起走過的小朋友，及那一路上的樂聲及笑聲。

國家圖書館預行編目資料

喜歡：掌握孩子主動學習的祕密／獅子老師著.--初版.--臺北市:寶瓶文化, 2010.11
面； 公分.--(catcher；42)
ISBN 978-986-6249-29-7（平裝）

1.學習心理 2.動機 3.通俗作品

521.14 99020877

catcher 042

喜歡——掌握孩子主動學習的祕密

作者／獅子老師
主編／張純玲

發行人／張寶琴
社長兼總編輯／朱亞君
主編／張純玲・簡伊玲
編輯／施怡年
美術主編／林慧雯
校對／張純玲・陳佩伶・余素維・獅子老師
企劃副理／蘇靜玲
業務經理／盧金城
財務主任／歐素琪 業務助理／林裕翔
出版者／寶瓶文化事業有限公司
地址／台北市110信義區基隆路一段180號8樓
電話／(02)27494988 傳真／(02)27495072
郵政劃撥／19446403 寶瓶文化事業有限公司
印刷廠／世和印製企業有限公司
總經銷／大和書報圖書股份有限公司 電話／(02)89902588
地址／台北縣五股工業區五工五路2號 傳真／(02)22997900
E-mail／aquarius@udngroup.com

著作完成日期／二〇一〇年八月
初版一刷日期／二〇一〇年十一月
初版三刷日期／二〇一〇年十一月四日
ISBN／978-986-6249-29-7
定價／三〇〇元

AQUARIUS 寶瓶 文化事業

愛書人卡

感謝您熱心的為我們填寫，
對您的意見，我們會認真的加以參考，
希望寶瓶文化推出的每一本書，都能得到您的肯定與永遠的支持。

系列：catcher 042　**書名：喜歡——掌握孩子主動學習的祕密**

1. 姓名：__________　性別：□男　□女
2. 生日：____年____月____日
3. 教育程度：□大學以上　□大學　□專科　□高中、高職　□高中職以下
4. 職業：__________
5. 聯絡地址：______________________________
   聯絡電話：__________　手機：__________
6. E-mail信箱：______________________
   □同意　□不同意　免費獲得寶瓶文化叢書訊息
7. 購買日期：____ 年 ____ 月 ____日
8. 您得知本書的管道：□報紙／雜誌　□電視／電台　□親友介紹　□逛書店　□網路
   □傳單／海報　□廣告　□其他
9. 您在哪裡買到本書：□書店，店名________　□劃撥　□現場活動　□贈書
   □網路購書，網站名稱：__________　□其他________
10. 對本書的建議：（請填代號　1. 滿意　2. 尚可　3. 再改進，請提供意見）
    內容：______________
    封面：______________
    編排：______________
    其他：______________
    綜合意見：______________________________
11. 希望我們未來出版哪一類的書籍：______________________

讓文字與書寫的聲音大鳴大放

寶瓶文化事業有限公司

（請沿此虛線剪下）

廣告回函
北區郵政管理局登記
證北台字15345號
免貼郵票

寶瓶文化事業有限公司　收

110台北市信義區基隆路一段180號8樓

8F,180 KEELUNG RD.,SEC.1,

TAIPEI.(110)TAIWAN R.O.C.

（請沿虛線對折後寄回，謝謝）